格致方法·定量研究系列　吴晓刚　主编

潜变量增长曲线模型

[美]　克里斯托弗·普里彻(Kristopher Preacher)
阿斯荣·威克曼(Asron Wichman)　著
罗伯特·麦卡勒姆(Robert MacCallum)
南希·布里格斯(Nancy Briggs)

姜念涛　译

SAGE Publications, Inc.

格致出版社　🅖　上海人民出版社

出版说明

由吴晓刚（原香港科技大学教授，现任上海纽约大学教授）主编的"格致方法·定量研究系列"丛书，精选了世界著名的 SAGE 出版社定量社会科学研究丛书，翻译成中文，起初集结成八册，于 2011 年出版。这套丛书自出版以来，受到广大读者特别是年轻一代社会科学工作者的热烈欢迎。为了给广大读者提供更多的方便和选择，该丛书经过修订和校正，于 2012 年以单行本的形式再次出版发行，共 37 本。我们衷心感谢广大读者的支持和建议。

随着与 SAGE 出版社合作的进一步深化，我们又从丛书中精选了三十多个品种，译成中文，以飨读者。丛书新增品种涵盖了更多的定量研究方法。我们希望本丛书单行本的继续出版能为推动国内社会科学定量研究的教学和研究作出一点贡献。

总 序

　　2003 年,我赴港工作,在香港科技大学社会科学部教授研究生的两门核心定量方法课程。香港科技大学社会科学部自创建以来,非常重视社会科学研究方法论的训练。我开设的第一门课"社会科学里的统计学"(Statistics for Social Science)为所有研究型硕士生和博士生的必修课,而第二门课"社会科学中的定量分析"为博士生的必修课(事实上,大部分硕士生在修完第一门课后都会继续选修第二门课)。我在讲授这两门课的时候,根据社会科学研究生的数理基础比较薄弱的特点,尽量避免复杂的数学公式推导,而用具体的例子,结合语言和图形,帮助学生理解统计的基本概念和模型。课程的重点放在如何应用定量分析模型研究社会实际问题上,即社会研究者主要为定量统计方法的"消费者"而非"生产者"。作为"消费者",学完这些课程后,我们一方面能够读懂、欣赏和评价别人在同行评议的刊物上发表的定量研究的文章;另一方面,也能在自己的研究中运用这些成熟的方法论技术。

　　上述两门课的内容,尽管在线性回归模型的内容上有少量重复,但各有侧重。"社会科学里的统计学"从介绍最基本的社会研究方法论和统计学原理开始,到多元线性回归模型结束,内容涵盖了描述性统计的基本方法、统计推论的原理、假设检验、列联表分析、方差和协方差分析、简单线性回归模型、多元线性回归模型,以及线性回归模型的假设和模型诊断。"社会科学中的定量分析"则介绍在经典线性回归模型的假设不成立的情况下的一些模型和方法,将重点放在因变量为定类数据的分析模型上,包括两分类 logistic 回归模型、多分类 logistic 回归模型、定序 logistic 回归模型、条件 logistic 回归模型、多维列联表的对数线性和对数乘积模型、有关删节数据的模型、纵贯数据的分析模型,包括追踪研究和事件史的分析方法。这些模型在社会科学研究中有着更加广泛的应用。

修读过这些课程的香港科技大学的研究生,一直鼓励和支持我将两门课的讲稿结集出版,并帮助我将原来的英文课程讲稿译成了中文。但是,由于种种原因,这两本书拖了多年还没有完成。世界著名的出版社 SAGE 的"定量社会科学研究"丛书闻名遐迩,每本书都写得通俗易懂,与我的教学理念是相通的。当格致出版社向我提出从这套丛书中精选一批翻译,以飨中文读者时,我非常支持这个想法,因为这从某种程度上弥补了我的教科书未能出版的遗憾。

翻译是一件吃力不讨好的事。不但要有对中英文两种语言的精准把握能力,还要有对实质内容有较深的理解能力,而这套丛书涵盖的又恰恰是社会科学中技术性非常强的内容,只有语言能力是远远不能胜任的。在短短的一年时间里,我们组织了来自中国内地及香港、台湾地区的二十几位研究生参与了这项工程,他们当时大部分是香港科技大学的硕士和博士研究生,受过严格的社会科学统计方法的训练,也有来自美国等地对定量研究感兴趣的博士研究生。他们是香港科技大学社会科学部博士研究生蒋勤、李骏、盛智明、叶华、张卓妮、郑冰岛,硕士研究生贺光烨、李兰、林毓玲、肖东亮、辛济云、於嘉、余珊珊,应用社会经济研究中心研究员李俊秀;香港大学教育学院博士研究生洪岩璧;北京大学社会学系博士研究生李丁、赵亮员;中国人民大学人口学系讲师巫锡炜;中国台湾"中央"研究院社会学所助理研究员林宗弘;南京师范大学心理学系副教授陈陈;美国北卡罗来纳大学教堂山分校社会学系博士候选人姜念涛;美国加州大学洛杉矶分校社会学系博士研究生宋曦;哈佛大学社会学系博士研究生郭茂灿和周韵。

参与这项工作的许多译者目前都已经毕业,大多成为中国内地以及香港、台湾等地区高校和研究机构定量社会科学方法教学和研究的骨干。不少译者反映,翻译工作本身也是他们学习相关定量方法的有效途径。鉴于此,当格致出版社和 SAGE 出版社决定在"格致方法·定量研究系列"丛书中推出另外一批新品种时,香港科技大学社会科学部的研究生仍然是主要力量。特别值得一提的是,香港科技大学应用社会经济研究中心与上海大学社会学院自 2012 年夏季开始,在上海(夏季)和广州南沙(冬季)联合举办"应用社会科学研究方法研修班",至今已经成功举办三届。研修课程设计体现"化整为零、循序渐进、中文教学、学以致用"的方针,吸引了一大批有志于从事定量社会科学研究的博士生和青年学者。他们中的不少人也参与了翻译和校对的工作。他们在繁忙的学习和研究之余,历经近两年的时间,完成了三十多本新书的翻译任务,使得"格致方法·定量研究系列"丛书更加丰富和完善。他们是:东南大学社会学系副教授洪岩璧,香港科技大学社会科学部博士研究生贺光烨、李忠路、王佳、王彦蓉、许多多,硕士研究生范新光、缪佳、武玲蔚、臧晓露、曾东林,原硕士研究生李兰,密歇根大学社会学系博士研究生王骁,纽约大学社会学系博士研究生温芳琪,牛津大学社会学系研究生周穆之,上海大学社会学院博士研究生陈伟等。

陈伟、范新光、贺光烨、洪岩璧、李忠路、缪佳、王佳、武玲蔚、许多多、曾东林、周穆之,以及香港科技大学社会科学部硕士研究生陈佳莹,上海大学社会学院硕士研究生梁海祥还协助主编做了大量的审校工作。格致出版社编辑高璇不遗余力地推动本丛书的继续出版,并且在这个过程中表现出极大的耐心和高度的专业精神。对他们付出的劳动,我在此致以诚挚的谢意。当然,每本书因本身内容和译者的行文风格有所差异,校对未免挂一漏万,术语的标准译法方面还有很大的改进空间。我们欢迎广大读者提出建设性的批评和建议,以便再版时修订。

我们希望本丛书的持续出版,能为进一步提升国内社会科学定量教学和研究水平作出一点贡献。

吴晓刚
于香港九龙清水湾

目 录

序

回顾过去 20 多年的社会科学研究,我们提出了一个始终如一的发现:婚姻会增加幸福感。斯塔克与埃什尔曼在一篇讨论这一问题的文献中总结道:"已婚者相对于未婚者在幸福感方面的一个明确的指标——总体幸福感上的优势似乎是真实的。"(Stack & Eshleman,1998:527)通过研究 17 个国家的数据,他们得出"对男性与女性,婚姻同等地增加幸福感"的结论(Stack & Eshleman,1998:527)。存在争论的是两个问题——婚姻是否能增加幸福感和两性之间的增加是否相同(或者如某些研究者认为的,男性比女性增加得多)。另外一个我们关心的问题是,无论两性不同还是相同,这一增加的幸福感是否在婚姻的历程中有所变化。通过分析一个全国范围的 17 年、5 期的样本,瓦兰宁厄姆、约翰逊和阿马托(VanLangingham,Johnson & Amato,2001)发现,没有证据支持文献所提出的生命过程中婚姻幸福感的 U 形模式(幸福感的减少及在晚年的回升)。

对于上面提到的研究问题,有两种方法论的途径:使用横截面数据或者纵向数据比较结婚的人和没有结婚的人。很多关于这个问题的研究使用了横向数据。然而,要对"婚姻增加幸福感"这个简单的论述作出合适的评价,使用纵向数据是必要的。一些研究者,比如瓦兰宁厄姆、约翰逊和阿马托(VanLaningham, Johnson & Amato, 2001),确实使用了纵向数据(他们使用了固定效果模型)。我们真正想研究的是以下情形:在时点 0 上,有一个随机未婚人群的样本,这些人被追踪;在时点 1 的时候,有些人结了婚;在时点 2 的时候,又有一些人结了婚。但是有一些人在整个追踪的时期内都没有结婚,即使当他们完成自己生命历程的时候,也还是有人没有结婚。横向数据只是截取一个时点,然后比较那些结过婚的人和没有结过婚的人,而忽略了人与人之间的不可观测的差异性。纵向分析模型(例如,固定效果模型、随机影响模型和混合影响模型)恰当地处理了不可观测的差异性问题。更合适的方法是潜变量增长曲线模型,这种方法不仅能够处理不可观测的差异性问题,也能够对男性和女性分别就他们生命历程中婚后的幸福感进行潜在趋势研究。

普里彻(Preacher)、维赫曼(Wichman)、麦卡勒姆(Mac-Callum)和布里格斯(Briggs)的潜变量增长曲线模型为社会科学量化应用的研究者提供了一种新方法,一种处理上面提到的实体问题的独一无二的机会,并可以超越经验性的研究。他们显示了潜变量增长曲线模型作为结构方程模型是如何表达和估计的,并说明了它和多层次增长模型的关系。在本书中,作者展示了各种各样的模型,例如固定/随机截距和/或固定/随机坡度、有条件增长曲线模型、平行过程模型、多组分析。他们也讨论了模型的各种延伸,例如分段增长、结构潜在增长、类型和有序变量结果等。他们用了大量说明性的图形来表述和讨论,这是使用结构方程模型的一个优势。

廖福挺

第 *1* 章

简 介

社会和行为科学的一个根本观察就是人随时间而变化，但并不是以同样的方式或同样的速度。譬如，词汇能力在小学阶段会稳步地提高，但并不是所有的学生都会以同样的速度提高。在很多情况下，变化的速度和方向都存在个体差异，而这些变化中的个体差异往往具有科学上或实践上的意义。时间上的变化可以用秒（如在心脏反应研究中）或用十几年（如在生命发展研究中）来测量。例如，夫妻争执会在短短的几分钟内引起显著的内分泌变化，但这些变化对于丈夫和妻子而言，可能会十分不同（Kiecolt-Glaser et al., 1997）。通过分析青少年跟踪调查数据，弗洛拉和沙桑（Flora & Chassin, 2005）检验了父母酗酒对青少年吸毒增长的影响。早期研究变化的方法有很大的局限：(1)它们只关注群体层面或个体层面的增长；(2)它们只着眼于两个时间点上的测量，导致数据过于贫乏而不能检验一些最基本的关于变化的有意思的假设。科学家常常需要更广泛的数据和更高级的统计方法来区分和理解变化的形态和方向（轨迹），并确定变化的原因和后果。

纵向设计能够得到关于心理现象的趋势和个体变化差异的有价值信息。这类数据的丰富性随着数据收集次数的增加而增加。威利特（Willett, 1989）的著作以及威利特和塞耶(Willett & Sayer，1994)合著的著作讨论了相对于二期数据，多期纵向数据的几个优势：(1)研究结果的质量会得到提高；(2)根据心理学理论可以建立正确的增长函数；(3)可以检验系统中个体间成长差异的假设；(4)可以将成长的特性与背景特点联系起来；(5)成长测度的精确性与准确性随着数据期数的增加而快速提高。简言之，纵向数据不仅提高了假设检验的统计效力，而且使研究者可以检验他们用横截面或二期数据无法检验的假设。

虽然纵向数据的这些优势使许多方法发展起来，但本书所关注的是潜变量增长曲线模型(LGM)。潜变量增长曲线模型代表了一类广泛的统计方法，这些方法允许更好的假设表述，提供更好的统计效力，并且比起别的方法，这些方法使统计模型与理论更好地衔接在一起。潜变量增长曲线模型不仅可以直接检测个人在不同时点的变化，而且能够检查不同个体之间的差异。这个模型的好处不仅在于它能够建构变化模型，还在于它让研究者能够探寻变化的前因后果。

潜变量增长曲线模型框架可以让科学家清楚地表达和检验如下的问题：(1)随着时间的推移，均值变化趋势的形态是什么样的？(2)最初的水平是否可以预测变化速度？(3)两组或多组分组是否在变化轨迹上有区别？(4)是否可以通过均值变化趋势的速度或弯曲度预测重要的结果？(5)哪些变量与随着时间的推移而产生的变化有系统的关联？(6)根据观测数据，关于变化轨迹的理论假设是否站得住脚？(7)变化轨迹的形态是否存在显著的个体间差异？(8)一个变量的变化是否与另一个变量的变化相关？

上述问题当然不是详尽无遗的。接下来，我们将对本书的其余部分进行概述。

第 1 节 | **本书概述**

　　本书是为那些对研究随时间推移的变化现象感兴趣的读者而著。不过,因为潜变量增长曲线模型是结构方程模型的一个应用,所以我们建议读者应具备基本的结构方程模型的知识。对于那些对潜变量增长曲线模型感兴趣的研究者而言,对多元线性回归、运用路径图来表示模型、模型识别问题以及固定参数和自由参数等话题有一定程度的熟悉是必要的,可以参考一些有用的入门书籍(如 Kline, 2004; Maruyama, 1997; Raykov & Marcoulides, 2000)。更高级的内容可以在博伦(Bollen, 1989)的书中找到。

　　为了演示潜变量增长曲线模型的功用和灵活性,我们首先从一个非常基本的模型开始,然后以此模型为基础进行常用的拓展。这些拓展允许在变化过程中加入更深入的理解和更清楚有力的假设检验。在每一个步骤中,我们都将模型应用于一个现成的数据集,来演示研究者如何在应用中着手处理问题。我们会示范如何使用 LISREL(Jöreskon & Sörbom, 1996)、Mx(Neale, Boker, Xie & Maes, 2003)和 Mplus(L.K.Muthén & Muthén, 1998—2006)这三种流行的结构方程模型应用软件来拟合模型与数据,当然也可以使用其他方便使用的结构方程模型软件(譬如 EQS 和 AMOS)。

由 LISREL 和 Mx 所获得的结果都是相同的（或几乎完全相同）。程序命令都列在我们的网站上[1]，但我们所描述的绝大部分模型都可以通过几乎任何一个结构方程模型软件来实现。此外，我们还提供了一个详尽的参考文献列表，以方便有兴趣的读者获得更多的信息。所以，本书不仅使研究者能够了解潜变量增长曲线模型，而且可以帮助研究者深入探讨有关文献。

我们首先扼要地论述促使潜变量增长曲线模型发展的研究，然后描述正式的模型设定，随后是关于参数估计和模型评估的章节。在这些介绍性的材料之后，我们将介绍本书所使用的数据集和用于分析的软件。本书的其余部分描述了在实践中可能会遇到或用到的具体模型。从一个基本的（零）模型开始，我们通过一步步地放宽对参数的限制并添加另外的变量来探究更复杂的增长曲线模型。然后，我们探讨一些有趣的和常见的基本潜变量增长曲线模型的拓展，包括相关的增长曲线（多增长过程同时建模）、队列序列设计、添加随时间变化的协变量和更复杂的增长函数。在这些例子之后，我们将讨论潜变量增长曲线模型和其他技术的关系，包括增长混合模型、分段增长曲线、潜变量变化模型以及多层模型与潜变量增长曲线模型的区别。

第 2 节 | 潜变量增长曲线模型:简短的历史与概述

在历史上,增长曲线模型(例如 Potthoff & Roy,1964)一直被用来为纵向数据建模。在纵向数据中,一些结果变量在不同时点被重复测量。潜变量增长曲线模型方法来源于探索性因子分析及相关文献。重复测量中的协变量可以用探索性因子分析(Baker,1954;Rao,1958)或主成分分析(Tucker,1958,1966)来建模。之后,因子或成分再被概念化为变化的方面或计时测量(与心理测量相对)因子(McArdle,1989;McArdle & Epstein,1987),因子负载可以被解释为重复测量对这些不可观测的变化方面依赖性的参数。这些变化方面可以包括线性、二次式或 S 形趋势。不过,用这些方法来研究变化有许多问题。在实践中运用这些方法的一个主要障碍是因子旋转的不确定性——没有一个明确的因子旋转标准能选择一个负载模式来拟合可解释的变化方面(例如,一组多项式曲线)。虽然人们一直尝试发展可以用来识别平滑型函数的因子旋转标准(如 Arbuckle & Friendly,1977;Tucker,1966),但没有一个能令人完全满意。这些方法的另一个局限在于,它们是从估计未知函数趋势的自由负载的观点来为变化建模的(一种探索性方法),而不是检验一组特定的负载的可行性（一种验证性方法）。对许多研究者而言，能够检验特定的假设趋势是非常重要的。

梅雷迪思和蒂萨克（Meredith & Tisak，1990）描述了潜变量曲线分析——一个验证性因子分析的应用。这一分析通过允许研究者指定反映重复测量数据中特定的假设趋势负载，巧妙地回避了因子旋转不确定性的问题。这一潜变量曲线分析方法就相当于我们所说的潜变量增长曲线模型。因为潜变量增长曲线模型是验证性因子分析的一个应用，而后者又是结构方程模型的特例，所以增长曲线模型能够被放到更大的理论模型中。对潜变量增长曲线模型历史发展的细节感兴趣的读者，可以参考博伦和柯伦（Bollen & Curran，2006）为之提供的详尽的综述。

与其他竞争的方法（如协方差分析和多层模型）相比，潜变量增长曲线模型有几个优势。潜变量增长曲线模型允许对个体间在变化上的差异进行研究，并允许研究者研究变化的前因后果。潜变量增长曲线模型能够提供组级水平的统计指标，例如平均增长速度和平均截距，也能够对具体的曲线进行假设检验，并可以同时纳入随时间变化的变量和不随时间变化的变量。比起结构方程模型，潜变量增长曲线模型也有其优点，包括能够检验模型拟合指数、提供模型选择的标准、通过使用重复测量的潜变量解决测量误差问题，并能有效地处理缺失数据。不同总体和组别之间的比较也很简单明了。所以，潜变量增长曲线模型是一个非常灵活的模型策略，对于一些不太常见的情况也能够处理。

柯伦和威洛比（Curran & Willoughby，2003）在讨论增长曲线模型的时候阐述了一个观点，认为增长曲线模型"可以被看成以变量为中心和以研究对象为中心的一个交叉点"（Curran & Willoughby，2003：603）。仅以变量为中心的变化视角强调平均趋势的变化，而仅以研究对象为中心的变化视角只聚焦于个人特征的变化趋势。当然每个视角都能够让我们获取重要的信息。与仅考虑变量或者研究对象为中心相比，潜变量增长曲线模型不仅能够获取平均的变化趋势，而且能够看出个人相较于平均的偏离。

第 3 节 │ 模型设定和参数解释

  潜变量增长曲线模型可以被看成结构方程模型的一个特例。结构方程模型是一个总的模型框架，它能够设定和检验不同变量之间的关系，其中有一部分变量是能观测到的，另一部分是潜变量。潜变量往往代表一些心理学概念，我们通常不能直接测量这些概念。一个典型的结构方程模型包含一小组潜变量，这些变量通常通过通径系数连接在一起，并被解释为回归权数。潜变量依次由可测量的标识变量来表示。潜变量和标识变量之间的关系就像因子分析模型。也就是说，因子负载代表了潜变量对标识变量的影响。

  一般结构方程模型的特例可以生成基本的潜变量增长曲线模型。在这里，我们先展示这一特例，在后面，我们会应用更多一般化的结构方程模型来发展更复杂的潜变量增长曲线模型。在潜变量增长曲线模型中，变量 y 是被重复测量的可测量变量，而潜变量的实质不是心理学的概念，相反，潜变量代表的是一种 y 的变化模式或方面。在一个基本的潜变量增长曲线模型中，为了表示变化的方面，两个因子通常需要设定。这些因子通过设定重复测量变量 y 的因子负载来定义，而这些因子负载描述了 y 的变化趋势。截距因子描述当时间变量等于 0 时，结果变量 y 的水平，而斜率因子则描述结果变量变化的速度。举例来说,一个对儿童外化的线性变化速度感兴趣的研究者可以收集外化行为的重复测量,然后把这些重复测量当作截距因子与斜率因子的标识(限制因子负载来反映对外化行为[①]变量变化模式的预期)。我们将会展示潜变量增长曲线模型框架的灵活性同样允许设定更为复杂的模型。

一个潜变量增长曲线模型可以依据数据模型、协方差结构和均值结构用矩阵表示法来表述数据模型描述因子(潜在变量)与 y 的重复测量之间的关系。[2]这个模型把 $p \times 1$ 观测值向量($\boldsymbol{y}$)表述为截距($\boldsymbol{\tau}_y$,$p \times 1$)、m 个代表变化方面($\boldsymbol{\eta}$,$m \times 1$)的潜变量以及扰动项($\boldsymbol{\varepsilon}$,$p \times 1$)的一个线性函数,将因子负载($\boldsymbol{\Lambda}_y$,$p \times m$)作为回归系数[3]:

$$\boldsymbol{y} = \boldsymbol{\tau}_y + \boldsymbol{\Lambda}_y \boldsymbol{\eta} + \boldsymbol{\varepsilon} \qquad [1.1]$$

$\boldsymbol{\tau}_y$ 项通常会因为模型识别的原因而被设定为 0。在展开式中($m = 2$),这一模型把 y_{ti},即个体 i 在时点 t 的值,表述为两个潜变量(η_{1i} 与 η_{2i})和一个扰动项(ε_{ti})的函数:

$$y_{ti} = \lambda_{1t} \eta_{1i} + \lambda_{2t} \eta_{2i} + \varepsilon_{ti} \qquad [1.2]$$

潜变量则可以表述为潜均值(α_1 与 α_2)和个体与这些均值偏差的函数:

$$\eta_{1t} = \alpha_1 + \zeta_{1t}^{②} \qquad [1.3]$$

$$\eta_{2i} = \alpha_2 + \zeta_{2i} \qquad [1.4]$$

---

① 外化行为是心理学上的概念,一般指失控行为,如攻击、过失等行为问题。——译者注

② 此处原文如此,应该是一处笔误。——译者注

潜变量 η_{1i} 与 η_{2i} 常常被称为"随机系数"。表示个体与 η_{1i} 和 η_{2i} 的均值偏差的残差 ζ 往往被称为"随机效应"。

从方程 1.1 的数据模型中,我们可以导出一个协方差结构和一个均值结构。协方差结构将 y 的重复测量的总体方差和协方差表示成模型参数的一个函数,而均值结构则将这些重复测量的总体均值表述为模型参数的另一个函数。均值结构和协方差结构与数据模型的区别在于,它们不包含个体观测对因子(如截距因子和斜率因子)的作用。这些模型常常被用来进行参数估计和模型评价。在协方差结构中,观测变量的方差和协方差矩阵($\mathbf{\Sigma}$,$p \times p$)被表示为因子负载矩阵($\mathbf{\Lambda}_y$)、因子方差和协方差矩阵($\mathbf{\Psi}$,$m \times m$)以及扰动项的方差和协方差矩阵($\mathbf{\Theta}_\varepsilon$,$p \times p$)的函数(Bollen,1989):

$$\mathbf{\Sigma} = \mathbf{\Lambda}_y \mathbf{\Psi} \mathbf{\Lambda}_y' + \mathbf{\Theta}_\varepsilon \qquad [1.5]$$

通过对数据模型求期望值而得到的均值结果,将观测变量($\mathbf{\mu}_y$,$p \times 1$)的总体均值表示为截距($\mathbf{\tau}_y$,$p \times 1$)和潜变量均值($\mathbf{\alpha}$,$m \times 1$)的函数:

$$\mathbf{\mu}_y = \mathbf{\tau}_y + \mathbf{\Lambda}_y \mathbf{\alpha} \qquad [1.6]$$

在潜变量增长曲线模型中,$\mathbf{\tau}_y$ 的元素经常(但不是总是)被限制为 0,从而获得一个简化的数据模型和均值结构。因此,所考虑的参数就包含在矩阵 $\mathbf{\Lambda}_y$、$\mathbf{\Psi}$ 和 $\mathbf{\Theta}_\varepsilon$ 以及向量 $\mathbf{\alpha}$ 中。$\mathbf{\Lambda}_y$ 的列被称为"基础曲线"或"潜变量增长向量"(Singer & Willett,2003)。

在图 1.1 的模型中,Y1 到 Y5 表示变量 Y 的平均间隔的重复测量。在这里,Y 的变化被建模为两个基础曲线的函数,因此,负载矩阵 $\mathbf{\Lambda}_y$ 有两列。截距因子的负载被固定为 1,

以表示一个常数对重复测量的影响,斜率因子的负载被固定
为一个线性的级数,以表示随时间变化的线性增长。虽然斜
率负载一般被设定为从 0 开始,以使第一时点的测量表示初
始反应,但这不是必须的,而且实际上往往是不恰当的。也
可能存在额外的因子负载,其中每一个都表示增长的其他方
面。这些负载常常(虽然并不一定)是多项式(参见第 2 章的
模型 10)。此外,这些变化方面的协方差可以通过设定负载
间的协方差路径来估计。估计这些协方差的能力在一些情
况下是非常重要的,譬如当我们对确定一些变量的增长速度
是否与其初始状态相关感兴趣时。图 1.1 中的三角形表示常
数 1。因此,连接三角形与基本负载的路径系数就基于一个
常数的回归,表示截距和斜率因子的均值。

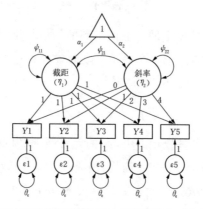

注:根据结构方程模型的惯例,圆形表示潜变量,矩形表示测定变量(在
这里,Y1 到 Y5 是平均间隔的重复测量),三角形表示常数,双箭头表示方差
或协方差,单箭头表示回归权数,数值对应固定参数,符号则表示自由参数
(有待估计的参数)。

图 1.1　一个典型的潜变量增长曲线模型的完整路径图
(包括随机截距、随机线性斜率和截距-斜率协方差参数)

在用矩阵表示 Y1 至 Y5 的协方差结构时，设定截距和斜率因子在重复测量上的负载等同于完全设定 $\boldsymbol{\Lambda}_y$，即因子负载矩阵的内容。对于一个具有同方差性和独立扰动协方差的简单线性增长模型，其中重要参数的必要限定包括：

$$\boldsymbol{\Lambda}_y = \begin{bmatrix} 1 & 0 \\ 1 & 1 \\ 1 & 2 \\ 1 & 3 \\ 1 & 4 \end{bmatrix} \qquad [1.7]$$

$$\boldsymbol{\Psi} = \begin{bmatrix} \psi_{11} & \\ \psi_{21} & \psi_{22} \end{bmatrix} \qquad [1.8]$$

$$\boldsymbol{\alpha} = \begin{bmatrix} \alpha_1 \\ \alpha_2 \end{bmatrix} \qquad [1.9]$$

$$\boldsymbol{\Theta}_\varepsilon = \begin{bmatrix} \theta_\varepsilon & & & & \\ 0 & \theta_\varepsilon & & & \\ 0 & 0 & \theta_\varepsilon & & \\ 0 & 0 & 0 & \theta_\varepsilon & \\ 0 & 0 & 0 & 0 & \theta_\varepsilon \end{bmatrix} \qquad [1.10]$$

解释这些矩阵中的参数是直截了当的。研究者固定 $\boldsymbol{\Lambda}_y$ 中的元素来表示所假设的变化轨迹，它的每一列负载表示假设的一个变化方面。在方程 1.7 中，所有第一列的元素都被设定为 1，以反映每个个体的截距在重复测量上保持不变这一事实。$\boldsymbol{\Lambda}_y$ 中第二列的线性级数表示相等时间间隔的线性增长假设。$\boldsymbol{\Psi}$ 的元素表示这些变化方面的方差和协方差。

就图 1.1 中的简单线性增长来说，$\boldsymbol{\Psi}$ 矩阵包括截距方差（ψ_{11}）、斜率方差（ψ_{22}）以及截距与斜率的协方差（ψ_{21}）。$\boldsymbol{\alpha}$ 的元素是从常数 1.0 来预测变化方面的回归系数，它们可以被解释为平均截距和平均斜率。特别是方程 1.9 中的 α_2 表示一个单位的时间变化所引发的结果变量的预期变化。最后，$\boldsymbol{\Theta}_\varepsilon$ 中的元素是扰动项的方差和协方差，表示数据中假设的潜变量曲线无法解释的方差部分。[4] 如果我们假定扰动项方差服从同方差性（如方程 1.10 所假定的），单一的扰动项方差可以通过给 $\boldsymbol{\Theta}_\varepsilon$ 的对角线元素加上一个相等的限定条件来表示。$\boldsymbol{\Theta}_\varepsilon$ 中的非对角线元素常常被设定为 0 来表示不同时点的扰动项是不相关的，虽然这一假定并不是必要的。这个基本的潜变量增长曲线模型可以被拓展，比如加入截距和/或斜率的预测变量，多个结果变量的并行增长曲线以及参数限制（譬如，截距和斜率的协方差可以被限定为 0）等。相关拓展将在后面讨论。

概括来讲，不管重复测量的数目有多少，在一个典型的潜变量增长曲线模型的线性应用中，我们需要估计六个参数。这些参数包括平均截距和斜率（α_1 和 α_2）、截距和斜率的方差与协方差（ψ_{11}、ψ_{22} 和 ψ_{21}）以及一直保持不变的扰动项方差（θ_ε）。其余的参数通常被限定为 0 或与一个特定的变化模式相一致的数值。正如读者将会看到的，根据特定的应用需求，这些限定中的一部分可以通过各种方式被改变或放宽。在更为复杂的模型中，如预测非线性增长或变化的模型，还有其他自由参数会被添加进来。

第 4 节 | 时间的测量尺度

在图 1.1 和方程 1.7 中,时间在某种程度上被重新编码以表示线性的变化,即将时间测量尺度的起点放在测量的第一时点($\lambda_{1,2}=0$)。方程 1.7 中展示的负载模式,即截距被解释为"初始状态",是典型的时间编码方式。但从特定的研究问题出发,其他编码方式同样是有用的。如果在某种情况下,最后时点的测量(例如,完成一个毒品康复计划)是研究最为关心的时点,那么把最后测量的时点编码为 0 就更为合理,如下面的负载矩阵所示:

$$\mathbf{\Lambda}_y = \begin{bmatrix} 1 & -4 \\ 1 & -3 \\ 1 & -2 \\ 1 & -1 \\ 1 & 0 \end{bmatrix} \qquad [1.11]$$

在方程 1.11 中,斜率的负载呈线性增长,但截距被定义为第五时点,即最后一个时点的均值。此外,如果用月而不是用年来编码时间则更为合理,那么方程 1.11 可以被重新参数化为:

$$\boldsymbol{\Lambda}_y = \begin{bmatrix} 1 & 0 \\ 1 & 12 \\ 1 & 24 \\ 1 & 36 \\ 1 & 48 \end{bmatrix} \qquad [1.12]$$

这一变化使得对方程 1.11 和方程 1.12 的负载矩阵中,与斜率因子相关的某些模型参数(如平均斜率或可观测标识变量对于斜率的回归权数)的解释有所不同,但整个模型的拟合程度不会改变。事实上,任何对负载矩阵的线性转化都不会改变模型拟合程度,虽然这些转化的确会对参数的解释产生重要的影响(Biesanz, Deeb-Sossa, Papadakis, Bollen & Curran, 2004; Hancock & Lawrence, 2006; Mehta & West, 2000; Rogosa & Willett 1985; Stoel, 2003; Stoel & van den Wittenboer, 2003; Stoolmiller, 1995; Willett, Singer & Martin, 1998)。譬如,将时间变量对均值对中在很少的情况下是合理的,因为中央时点的情况常常不是我们所关心的。[5]更合适的做法是将时间变量编码为在某种程度上有助于回答实质问题的形式。时间测量尺度的零点应该被设在一个有意义的测量时点上,部分是因为这一选择决定了解释平均截距、截距方差和截距-斜率协方差的时点(Rogosa & Willett, 1985)。斯图尔(Stoel, 2003)的著作以及斯图尔和范登滕伯尔(Stoel & van den Wittenboer, 2003)合著的著作认为,截距只在存在自然原点的增长过程下才有意义。如果时间原点是任意选定的,那么应该避免对任何与截距相关的参数进行解释。同样,对于时间度量的选择应当便于增强可解释性(Biesanz et al., 2004)。在某些情况下,这可能会涉

及在同一个模型中同时使用两个时间度量标准(例如,年龄
和测量期,参见 McArdel & Anderson,1990)。

一个普遍的问题是关于所使用的重复测量的最优数目。
这个选择在很大程度上是由实际的考虑,如时间与费用决定
的。对 m 项多项式增长因子,无论不同时点的扰动项的方差
是否被设定为相等,为了获得一个自由度至少为 1 的模型,
最小的重复测量的数目都应该是 $m+1$。假如要估计的参数
只包括因子均值、因子(协)方差和扰动项方差,那么这个公
式就一直有效。一个自由度至少为 1 的模型(即一个过度识
别的模型)是必需的,这是因为如果自由参数的个数等于或
大于样本观测变量的均值和(协)方差的数目,那么模型就不
能识别,也不能被检验(关于模型识别的更多细节,参见 Bol-
len,1989;Bollen & Curran,2006)。

鉴于 $m+1$ 是绝对的最小值,我们应当使用多少重复测
量呢? 斯图尔米勒(Stoolmiller,1995)提出大概四个至五个
测量时点就足以为线性增长建模。麦卡勒姆、金、马拉基和
基科尔特-格拉泽(MacCallum,Kim,Malarky & Kiecolt-
Glaser,1997)认为并没有可靠的经验法则,但建议线性模型
至少需要四个至五个重复测量,而更为复杂的模型需要的
测量可能会"比那多得多"(MacCallum,Kim,Malarky &
Kiecolt-Glaser,1997:217)。为了获得足够的统计效力来检
验并行过程潜变量增长曲线模型(第 2 章的模型 7)中的斜率
因子间的协方差,赫佐格、林德贝格、吉斯莱塔和冯·厄尔岑
(Hertzog,Lindenberger,Ghisletta & von Oertzen,2006)推
荐至少收集六个重复测量数据,但这个数目可以根据效应大
小、样本数量或增长曲线的可靠性(总体方差被模型的增长

方面所解释的比率)的变化而增加或减少。如同其他数据分析一样,更多就意味着更好,更多的数据产生更多的信息,这永远不会是一件坏事。不过,我们的经验是简约的线性模型在拟合超过六个重复测量时常常会有问题。这应该不是意外,因为很少有自然的变化过程会精确地遵循线性的模式。没有任何模型是正确的,因此研究者应当对随着信息的累积,简单的模型会拟合较差这一结果做好心理准备。潜变量增长曲线模型最适合对大样本在有限个数的时点测量的趋势进行建模。无论测量的数目是多少,测量的范围应当足以跨越理论感兴趣的整个时间框架。

　　最后需要注意的是,测量的时点并不一定要平均隔开。譬如,纵向数据是在 1977 年、1979 年、1983 年和 1984 年收集的,测量时点之间的间隔就变成 2、4 和 1:

$$\mathbf{\Lambda}_y = \begin{bmatrix} 1 & 0 \\ 1 & 2 \\ 1 & 6 \\ 1 & 7 \end{bmatrix} \qquad [1.13]$$

方程 1.13 中的负载矩阵仍然表示线性的变化,斜率负载之间的间隔本身就是测量时点之间间隔的线性尺度转换。如果将 1977 年作为基准线,随后的测量时点就发生在 2 年、6 年和 7 年之后。在非线性模型(如第 2 章中描述的多项式潜变量曲线模型或第 3 章中讨论的结构潜变量曲线模型)中,收集五个以上的重复测量,并在变化发生最迅速的时期将测量设定得更加紧密常常是一个好主意。这有助于避免估计上的问题,并能对描述变化的参数进行更准确的估计。

　　我们的观点是,并没有一个通用的设计和相应的增长曲线模型。测量期的数目、测量期之间的时间间隔、时间的单位以及时间原点的设定在相同或不同的研究中都可能相当不同。更为深入的关于时间测量尺度的探讨可以在其他著作中找到(参见 Biesanz et al., 2004；Curran & Willoughby，2003；Hancock & Choi，2006；Schaie，1986；Stoolmiller，1995)。

第 5 节 | **异步测量**

Λ_y 中的负载与用户所熟悉的结构方程模型的其他固定参数有根本性的不同。无论时间是如何编码的，Λ_y 的内容都表示时间的函数。举例来说，斜率负载包含在其他模型中可以被认为是时间自变量的数值中。许多潜变量增长曲线模型的应用都过于简单地假定对所有的个体而言，数据是在同一个时点收集的（Mehta & West，2000）。这样的数据被称为"时间-结构数据"（Bock，1979）。所有被研究的对象在相同测量时点的数值都可以被放入一个共同的 Λ_y 矩阵，但是这在大多数应用中是不现实的。因为当个体并不是在同一时点被测量的，或年龄不同的个体在同一时点被测量的情况下，使用早先描述的基本潜变量增长曲线模型就不恰当了。如我们将要讨论的，当个体在不同时点被测量时，主要有两种策略来估计增长曲线模型。这两种策略都允许个体具有不同的负载因子。

当并不是所有的个体都在同一时点被测量，但是有一套有限的测量时间表时，我们就可以运用多群体策略，即同时估计多个有不同的 Λ_y 矩阵的模型。我们将在下一节更详细地讨论这一策略，但基本上它涉及将有共同测量时间表的个体分组，然后对所有的组同时进行模型拟合（Allison，

1987；T. E. Duncan，Dunca，Strycker，Li & Alpert，1999；McArdle & Bell，2000；McArdle & Hamagami，1991；B. Muthén，Kaplan & Hollis，1987）。因此，所有只在时点1、时点3、时点5和时点6被测量的个体就属于第一组，而所有只在时点1、时点3、时点4和时点5被测量的个体就属于第二组。

在有太多不同的测量时间表的情况下，多群体的办法就不能解决问题了，但有一个更普遍的解决办法。Mx 和Mplus 程序的一个引人注目的优点就是它们可以通过运用定义变量或个体数据矢量——包含每个个体固定值的特殊矢量——来包含所有个体的斜率负载（Hamagami，1997；Neale et al.，2003）。传统的方法是将一个模型应用到被假定有同样的基本曲线和同样的 Λ_y 的所有个体上，定义变量的运用则是给每个个体都建立一套独特的斜率因子负载。在涉及年龄的纵向研究的特殊情况中，这被称为"对个体调整年龄"（Mehta & West，2000）。梅塔和韦斯特（Mehta & West，2000)的著作中的附录 A 和我们的网站（http://www.quantpsy.org)都包括了展示这一方法的 Mx 程序样例。

第 6 节 | 前提假设

使用最大似然估计的潜变量增长曲线模型需要一些重要的前提假设。大多数前提假设涉及潜变量的分布(例如潜变量增长曲线模型中的截距、斜率和扰动项等)。因为根据定义,这些变量是不可观测的,根据惯例就需要假定它们的特征。我们假定方程 1.2、方程 1.3 和方程 1.4 中,扰动项与残差的均值为 0。在每个时点,这一假设不仅针对总体均值,而且针对同一个体在理论情况下重复观测的均值。也就是说,如果能够在一个特定时点对同一个体重复测量,那么我们就假定这些量度的扰动项的均值为 0。同样,所有残差项的同一时点或时点之间的协方差都被假定为 0,方程 1.2 中,残差与随机截距和随机斜率的协方差也被设定为 0。为了使用最大似然估计法,我们还需要假定可观测的变量是从一个与多元正态分布有大致相同的峰度的总体分布中得来的。潜变量增长曲线模型的前提假设在博伦和柯伦(Bollen & Curran, 2006)的著作中有大量的论述。

伯恩和克龙比(Byrne & Crombie, 2003)讨论了另外三个前提假设。他们要求假设轨迹是线性的、不同时点的扰动项互不相关以及所有时点的扰动项的方差不变。实际上,这些并不是潜变量增长曲线模型或最大似然估计的前提假设。

伯恩和克龙比的线性假设指的是增长轨迹的线性,而不是负载。这其实不是一个前提假设,而是要仔细检查的中心假设。两种可以检验线性假设的方法是比较线性增长曲线模型的拟合度与一个绝对拟合的基准线模型或一个未指定轨迹的模型的拟合度(见第 2 章的模型 11)。伯恩和克龙比讨论的另外两个前提假设(独立性与扰动项的同方差性)可以是潜变量增长曲线模型设定的通常方面,但并不是必需的。事实上,能够估计不同特定时点的扰动项方差被认为是潜变量增长曲线模型方法的一个长处,也是将潜变量增长曲线模型与自回归策略相结合的方法所要求的(Curran & Bollen, 2001;McArdle, 2001)。

第 7 节｜参数估计与缺失数据

传统的结构方程模型的参数估计是通过最大似然估计来实现的,使用这一方法时,需要假定测量的变量符合多元正态分布。对诸如潜变量增长曲线模型这类解释测量变量的协方差和均值的模型而言,数据常常是以从全部数据(数据有时不得不通过删除某些观测值或对某些缺失值进行估算的方法来保持完整)计算得来的样本协方差矩阵 S 和样本均值向量 $\bar{y}$ 的形式表示。矩阵 S 有 $p \times p$ 阶,包含 y 的 p 个重复测量的样本方差与协方差。向量 $\bar{y}$ 包含 p 个重复测量的样本均值。根据方程 1.5 和方程 1.6 的协方差与均值结构,总体协方差矩阵 Σ 和均值向量 μ 是模型参数的函数。如果我们把方程 1.5 和方程 1.6 中所有的参数放到一个向量 θ 中,那么参数估计的目标就是找到 $\hat{\theta}$ 中的参数估计值,从而使引申矩阵 Σ 和 μ 同 S 和 $\bar{y}$ 分别最为相近。在最大似然估计法中,这一最优性是用多元正态概率函数来定义的,即由最大似然估计法产生的一组参数估计,使似然函数的对数最大化时的 $\hat{\theta}$ 为:

$$\ln L = -\frac{1}{2}\sum_{i=1}^{N}\{p\ln 2\pi + \ln|\Sigma| + (y_i - \mu)'\Sigma^{-1}(y_i - \mu)\}$$

$$[1.14]$$

约雷斯科格(Jöreskog，1967)将这一发展推广，可以证明 $\ln L$ 在下列差异函数最小化时得以最大化：

$$F_{ML} = \ln | \boldsymbol{\Sigma} | - \ln | \boldsymbol{S} | + \mathrm{tr}\left[(\boldsymbol{S} - \boldsymbol{\Sigma})\boldsymbol{\Sigma}^{-1}\right]$$
$$+ (\bar{\boldsymbol{y}} - \boldsymbol{\mu})'\boldsymbol{\Sigma}^{-1}(\bar{\boldsymbol{y}} - \boldsymbol{\mu}) \qquad [1.15]$$

因此，根据给定的 $\boldsymbol{S}$ 和 $\bar{\boldsymbol{y}}$，用最大似然估计法寻找一个参数估计值的向量 $\hat{\boldsymbol{\theta}}$，由这一向量产生的暗含矩阵 $\boldsymbol{\Sigma}$ 和 $\boldsymbol{\mu}$（见方程 1.5 和方程 1.6）使 F_{ML} 最小化。请注意，如果 $\boldsymbol{\Sigma} = \boldsymbol{S}$ 而 $\boldsymbol{\mu} = \bar{\boldsymbol{y}}$（即模型完美地复制了数据），那么 F_{ML} 等于 0。

差异函数 F_{ML} 的最小化估计方法假定所有的样本数据都用来获得 $\boldsymbol{S}$ 和 $\bar{\boldsymbol{y}}$。如果有的数据缺失了（例如，个体是在不同时点测量的或某些个体在某些时点的数据未能得到），那么这一策略就不起作用了，因为从可用的数据计算得出的协方差矩阵不一定是内部一致的。幸好，我们有处理缺失数据的方法。上文提到的在多个测量时间组合情况下，多群体策略可以被看作处理缺失数据的一个一般的、基于模型的方法(T. E. Duncan & Duncan，1995；Marini，Olsen & Rubin，1979；McArdle & Hamagami，1992；B. Muthén et al.，1987)。举例来说，如果某些个体是在时点 1、时点 2、时点 3 和时点 5 测量的而其他个体是在时点 1、时点 3、时点 4 和时点 5 测量的，那么可以设定一个两组模型，其中的每一组成员都有共同的测量时点。对于多样本分析，方程 1.15 中的差异函数可以被推广为一个多样本的表达式并被最小化，以使所有组同时获得最优拟合。

在存在许多不同测量时间表的情况下，处理缺失数据的多组方法变得不现实。直到最近，这一局限一直是一个实实在在的问题,因为实际中的纵向设计往往含有缺失数据。估计方法的发展允许模型被直接用于拟合原始数据,这使得在分析中包括不完整的个案变为可能。在涉及缺失(不完整)数据的情况下,完全信息最大似然(FIML)估计方法常常被推荐用于获得最大似然参数估计值。为适用于不完整数据,方程1.14中表示完整数据的似然对数可以被修改为:

$$\ln L = -\frac{1}{2} \sum_{i=1}^{N} \{ p_i \ln 2\pi + \ln \mid \mathbf{\Sigma}_i \mid + (\mathbf{y}_i - \mathbf{\mu}_i)' \mathbf{\Sigma}_i^{-1} (\mathbf{y}_i - \mathbf{\mu}_i) \}$$

$$[1.16]$$

$\mathbf{y}_i$ 是个体 i 的数据向量中可测量的部分,$\mathbf{\mu}_i$ 和 $\mathbf{\Sigma}_i$ 分别是模型的均值向量和协方差矩阵,其行和列对应个体 i 的数据(Arbuckle,1996;Wothke,2000)。FIML 估计法需要最大化这一函数。与填补或删除缺失数据的方法相比,FIML 能够取得较小的偏差和更有效的估计,而且当数据的缺失是完全随机时,还能取得无偏估计(Neale,2000;Rubin,1976)。[6] 与配对删除、列删除和缺失值估算比较,FIML 已经被证明具有更低的收敛失败率、更高的效率、较少的偏差和更准确的模型拒绝能力(Enders & Bandalos,2001)。这两种方法的特性相似。实际上,当没有数据缺失时,它们是相等的。更清楚与深入的、关于 FIML 算法及其与其他模型相比较的描述,参见恩德斯(Enders,2001)的著作。

FIML 只是在出现缺失数据的情况下可以通过最小化差异函数来获得参数估计值的几种方法之一。其他方法包括将广义最小二乘法、未加权最小二乘法、E-M 算法和渐进自由分布法运用于通过配对删除、列删除、单一或多重缺失值估算而转化来的"完整"数据。与这些方法相比,FIML 常常是更好的。这是因为：(1)它用所有可获得的信息来估计参数；(2)它不需要非常大的数据；(3)标准误可以由参数估计值的渐进协方差矩阵的逆矩阵获得。配对删除与列删除略去了一些数据，而配对删除更增加了碰到非正定的协方差矩阵的风险。此外，FIML 现在已经是大多数 SEM 软件，包括 AMOS(Arbuckle & Wothke，1999)、Mplus(L. K. Muthén & Muthén，1998—2006)、Mx(Neale et al.，2003)、EQS(Bentler，1995)和 LISREL(Jöreskon & Sörbom，1996)的标准估计选项。例如，在 LISREL 中，如果原始数据是输入数据，则 FIML 会被自动调用。缺失数据的问题在艾利森（Allison，1987，2002）的著作中有更深入的描述。使用 FIML 估计法的主要缺点在于，如果有些数据缺失，就得不到所有 ML 的拟合指标。[7]

第 8 节 ┃ 模型评估与选择

作为理论预测主要代表方法的模型设定和模型检验是现代经验科学实践的基础。在发展一个模型以拟合观测的数据时，关键在于设定的模型要准确地反映增长的具体理论预测或意涵（Collins，2006；Curran，2000；Curran & Hussong，2003；Curran & Willoughby，2003）。此外，虽然这里的关注点是模型评估，但更好的做法往往是比较有竞争力的、源自理论的模型，而不是孤立地设定和评估模型。给定一个理论上可行的模型，LGM 可以通过评估包括截距和斜率因子的均值以及变化方面的方差与协方差等模型参数的统计或实践显著性来检验该模型。一个关于参数显著性的非正式的检验是用点估计值除以它的标准误，如果这一比率超过 2.00（在大样本的情况下是 1.96），那么这个参数估计值就被称为"在 0.05 的置信水平上与 0 显著不同"。

在 SEM 中，整体模型的拟合度也可以被评估。实际上，好的总体拟合度常常是理解参数估计值的先决条件。[8]在多元正态分布和完全拟合的原假设下，$\hat{F}_{ML} \times (N-1)$ 是一个自由度为 $[p(p+3)/2] - q^*$ 的卡方分布，p 是变量的数目，而 q^* 是自由模型参数的有效个数。[9]这个卡方值是一系列用来估计模型的预测值与观察数据之间匹配度的拟合指标

的基础。除此之外,我们推荐在几个 SEM 程序中都有的
近似误差均方根法(RMSEA)(Browne & Cudeck,1993;
Steiger & Lind,1980):

$$\text{RMSEA} = \sqrt{\frac{\max\left\{\left(\hat{F}_{ML} - \frac{df}{N-1}\right),\ 0\right\}}{df}} \qquad [1.17]$$

方程 1.17 中根式下的分子是总体模型不适度(拟合差异)的
估计。因此,根式下的数量表示估计的每个自由度的总体模
型误差,所以值越小就越好。RMSEA是总体不适度的估计
而不是简单的样本不适度的测量,因此被认为是较好的指
标。重要的是,我们可以获得 RMSEA 的置信区间,为这一
拟合指数提供点估计之外的一个精确度的测量。

因为以卡方为基础的指数常常存在于近乎不可逆矩阵
(Browne, MacCallum, Kim, Andersen & Glaser,2002)、违
反分布的假设(Curran, West & Finch,1996)和大样本数
(Tucker & Lewis,1973)相关的问题,所以最好检查 S 与 $\hat{\boldsymbol{\Sigma}}$
对应元素间的简单残差。一个常用的、只基于残差的指数是
标准化残差均方根(SRMR)(Jöreskog & Sörbom,1996),即
一个关于残差大小的概括量度。SRMR 是观测相关与模型
方差和协方差矩阵所显示的相关之间的绝对差的平方均值
的平方根(因此是越小越好)。同 RMSEA 一样,SRMR 也被
许多 SEM 软件列为默认的输出,但要记住,SRMR 只评估协
方差结构的拟合度。

另一类拟合指标反映的是一个特定的模型与一个恰当
设定的空模型(见第 2 章的模型 0)之间的拟合度差异。这类
拟合指标的一个例子是非基准拟合指数(NNFI)(Bentler &

Bonett，1980；Tucker & Lewis，1973）：

$$\text{NNFI} = \min\left\{ \left(\frac{\dfrac{\chi_0^2}{df_0} - \dfrac{\chi_k^2}{df_k}}{\dfrac{\chi_0^2}{df_0} - 1} \right), 1 \right\} \qquad [1.18]$$

χ_0^2 与 df_0 是由空模型计算而来的，而 χ_k^2 与 df_k 则是在研究模型的基础上计算而来的。NNFI 已经被证明在分布假设被违反的情况下仍然比较稳健（Lei & Lomax，2005）。我们在下一章将详细讨论恰当的空模型。在本书中，我们为所有拟合的模型报告卡方、RMSEA、NNFI 和 SRMR 估计值。

除了孤立地评估模型，我们也可以用一种模型选择策略来评估嵌套模型或非嵌套模型的相对拟合度。如果一个模型（模型 A）的估计参数是另一个（模型 B）的估计参数的子集，则称前者嵌套在后者中。也就是说，如果对 B 中的某些参数加以限制而得到 A，那么 A 就嵌套在 B 中。当一部分数据缺失时，有的拟合指标，如 GFI 与 SRMR，就不能计算了（Enders，2001）。在模型之间没有区别的原假设下，完全数据时的卡方值差异（$\Delta\chi^2$）或不完全数据时 $-2\ln L$ 值的差异本身符合卡方分布，其自由度等于要估计的参数数目的差异。对于非嵌套的模型，利用信息的模型选择方法（如赤池信息准则、贝叶斯信息准则）可以用来选择模型。

第 9 节 ｜ **统计效力**

同绝大多数推论统计的应用一样，统计效力在 LGM 中是很重要的。效力指的是正确否决一个错误的原假设的概率。在 LGM 中，原假设是研究者的潜变量增长曲线模型，所以效力就是当研究者的增长模型不适用于总体情况时，它被否决的概率。LGM 模型往往在总体中不都是那么正确，所以一个高水平的统计效力会导致对非常好但并不完美的模型的否决。这种对好的模型的否决在实践中当然是不受欢迎的，但这是似然比检验模型拟合度的一个众所周知的局限。在实践中，为了补救这种情况，可以使用前面所讨论的各种描述性拟合测度，而不是仅仅专注于似然比检验模型拟合度。

麦卡勒姆、布朗和菅原（MacCallum，Browne & Sugawara，1996）描述了一种涉及 RMSEA 拟合指标的统计效力（给定样本量）或最小必须样本量（给定所需的效力水平）的估算方法。研究者选择分别反映好拟合（ε_0）与差拟合（ε_A）的 RMSEA 值的原假设和备择假设。例如，完全拟合的检验可能会选择 $\varepsilon_0 = 0.00$（完全拟合）和 $\varepsilon_A = 0.08$（一般拟合）。而一个严格拟合的检验可能涉及 $\varepsilon_0 = 0.05$（精密拟合）和 $\varepsilon_A = 0.10$（不可接受拟合）。作者提供的 SAS 程序会提供在一个给定的效力水平上拒绝一个差模型的最小必须样本量 N、模型自由度 df 以及用 RMSEA 表示的代表好拟合与差拟合的原假设及备择假设。与之相反，他们的程序也提供在给定的 N 和模型自由度的情况下，一对原假设与备择假设相对应的统计效力水平。

除了拒绝一个差模型的效力之外，我们也应当考虑检验非零参数的效力。这类效力是 LGM 中一个几乎没有研究过的课题。一个例外是赫特松等人（Hertzon et al., 2006）最近的一个研究。他们发现检验并行过程潜变量增长曲线模型（见第 2 章的模型 7）的斜率协方差的功效在很大程度上依赖于效应大小、重复测量的次数、增长曲线的可靠性以及样本量。

第 **2** 章

将潜变量增长曲线模型应用于经验数据

第 1 节 | **数据**

接下来,我们将示范在实践中如何使用增长曲线模型。在示范中,我们将使用国家儿童健康与人类发展研究院(NICHD)的早期儿童照料与青年时期发展研究(NICHD 早期儿童照料研究网络,2006)的数据。将研究问题量化之后对父母-子女关系的分析为解决类似的问题提供了一个相对客观的方法。大量的研究检验了这些亲子关系与诸如吸烟或饮酒(如 Blackson, Tarter, Loeber, Ammerman & Windle, 1996)、自我约束能力(如 Wills et al., 2001)和青少年怀孕(Miller, Benson & Galbraith, 2001)等结果的联系。研究发现,良好的父母-子女关系与儿童正面的发展相关联,但某一时刻的父母-子女关系与其后的测量结果的相关性往往不是很强。父母-子女关系缺乏理想的有效预测,其诸多原因中的一个就是这些关系随时间变化。心理动力学(Freud, 1958)、进化理论(Steinberg, 1989)和社会-认知(Smetana, 1988)的各种理论观点都预测随着子女的成熟,父母-子女关系将会发生变化,尽管变化的原因不同。研究父母-子女关系随时间的变化为增强预测准确度提供了额外的机会,并且能增强我们对父母-子女的互动如何影响儿童和青少年的不良行为的理解。

表 2.1　母亲对子女亲密度数据的描述统计

年级	整个样本			男孩			女孩		
	样本数	均值	标准误	样本数	均值	标准误	样本数	均值	标准误
不完整数据的案例									
1	1 016	37.96	2.56	508	37.73	2.77	508	38.20	2.30
3	1 025	37.19	2.82	508	37.07	2.73	517	37.32	2.90
4	1 022	36.96	3.33	516	36.62	3.53	506	37.31	3.08
5	1 018	36.56	3.25	506	36.65	3.34	512	36.77	3.16
6	1 024	36.18	3.56	512	35.93	3.63	512	36.42	3.47
完整数据的案例									
1	851	37.95	2.53	417	37.76	2.66	434	38.14	2.38
3	851	37.28	2.74	417	37.20	2.62	434	37.35	2.86
4	851	37.05	3.28	417	36.74	3.45	434	37.34	3.07
5	851	36.57	3.21	417	36.34	3.31	434	36.79	3.09
6	851	36.14	3.59	417	35.84	3.73	434	36.42	3.43

表 2.2　母亲–子女亲密度：完整数据的均值与协方差（$N = 851$）

年级	均值	协方差				
1	37.9542	6.3944				
3	37.2785	3.2716	7.5282			
4	37.0463	4.1435	6.0804	10.7290		
5	36.5696	3.7058	5.1597	6.5672	10.2920	
6	36.1363	4.1286	5.7608	7.2365	7.6463	12.9085

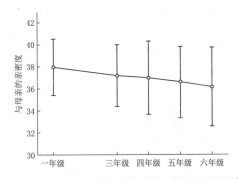

图 2.1　平均亲密度分数（误差条代表一个标准误的宽度）

　　我们从父母-子女关系量表中挑选了两个复合测度。具体来说，15 个学生-教师关系量表（Pianta，1993）中的等级尺度项目被用来评估子女对父母依恋的程度。每一个项目都在 1 到 5 的量表上打分，1 表示"完全不适用"，而 5 表示"完全适用"。这些项目被用来建构四个复合测度，分别是父母与子女的冲突度（CNFL）和亲密度（CLSN）。这些变量是在小学一年级到六年级（二年级时没有收集数据）时测量的。母亲-子女亲密度是绝大多数将要展示的模型中的主要重复测度变量。与这些关系测度一起，一个组群变量（子女的性别）被选中，以便我们展示如何在纵向模型中包括组群。我们抽出所有至少有一个有效 CLSN 分数的儿童的数据，得到一个包含 1 127 个儿童（571 个男孩与 556 个女孩）的样本并分析所有在所关心的变量上有完整数据的个案。[10] 表 2.1 给出了描述性的信息；图 2.1 给出了 CLSN 的平均分数；最后，表 2.2 给出了样本中 851 个完全数据个案的观测协方差矩阵与均值。

第 2 节 ｜ **软件**

以下展示的模型是用三种软件包来估计的。我们使用 LISREL 8.8(Jöreskog & Sorbom, 1996)、Mx 1.1(Neale et al., 2003)和 Mplus 4.2(L. K. Muthén & Muthén, 1998—2006)。还有其他易于分析增长曲线模型的软件包,如 AMOS 与 EQS。其中,作为一个灵活的、没有版权限制并能免费下载的软件,Mx 特别实用。在本书写作时,能够估计本书中所有模型的一个免费的学生版 LISREL 可以从 SSI 的网站上获得。[11] 费勒、滨上和麦卡德尔(Ferrer, Hamagami & McArdle, 2004)提供了一个在各种软件中设定增长曲线模型的指南。

第 3 节 │ **模型拟合策略的概要**

　　一个对重复测度问题的 LGM 的典型应用包含变量在两个分析层上的测量。第二层单位是研究的实体常常是(但并不一定是)个人。第一层单位是在每一个第二层单位上获取的重复测度。其他变量可以是在第一层或第二层上的测度。第一层变量包括结果变量以及其他在同一时点测量的变量。被重复测量并用于预测所有结果变量、同时在重复测度之间具有差异性的变量叫做"时变协变量"(TVC)。第二层的变量表示第二层单位的特性,因此它们在个人间不同而不随时间变化。这样的例子包括性别、环境变量或稳定的性格特征。第二层的自变量常常被称为"非时变协变量"。截距或斜率因子的变化性可能会由非时变协变量来解释。举例来说,一个研究者可能对随着儿童的成长,父母对母亲-子女亲密度的理解的变化感兴趣。研究者可能在某几个时点从同一批父母那里收集数据并尝试为随时间变化的亲密度建模。对于这一模型,这位研究者可以选择将时间标度的零点放在第一个测量时点,然后再对同一批儿童收集四次数据。如果研究者发现不同儿童的轨迹(截距与斜率)明显不同,可能会试图研究是否性别差异能够解释部分的个体间差异性。因此,这位研究者可以引入性别作为最初水平(截距因子)和变化速度(斜率因子),或两者共同的一个自变量。在这里,性别是一个非时变协变量,因为它在第二层单位(儿童)之间而不在第二层单位内部变化。

特别对于像 LGM 这样灵活的方法,在尝试用模型拟合数据之前,设定一系列根植于理论的、用于检验的模型是有帮助的。然后我们可以按照特定的顺序,检查一系列先验的、理论上合理的模型。当更复杂的模型已经不再能显著地提高模型的拟合度时,我们就得出以下结论:已经找到一个可接受的模型。在下一节中,我们将展示这一过程。

第 4 节│模型 0：空模型

　　"空模型"这一说法通常是用来指比较不同假设模型的一个基础。LGM 中的空模型与典型的 SEM 应用中的空模型不同。在典型的 SEM 应用中，空模型是一个测量变量之间没有任何预测关系的模型，模型中也没有潜变量，只有方差参数被估计。然而，在 LGM 的背景下，我们把空模型定义为一个随时间推移而没有变化并在总体平均水平上没有差异性的模型（Widaman & Thompson, 2003）。只有平均水平（截距 α_1）和一个共同的扰动项方差（θ_ε）被估计：

$$\boldsymbol{\Lambda}_y = \begin{bmatrix} 1 \\ \vdots \\ \vdots \\ 1 \end{bmatrix} \qquad\qquad [2.1]$$

$$\boldsymbol{\Psi} = \begin{bmatrix} 0 \end{bmatrix} \qquad\qquad [2.2]$$

$$\boldsymbol{\alpha} = \begin{bmatrix} \alpha_1 \end{bmatrix} \qquad\qquad [2.3]$$

$$\boldsymbol{\Theta}_\varepsilon = \begin{bmatrix} \theta_\varepsilon & & & \\ 0 & \ddots & & \\ & & \ddots & \\ 0 & & 0 & \theta_\varepsilon \end{bmatrix} \qquad\qquad [2.4]$$

这里，$\boldsymbol{\Lambda}_y$ 是一个表示每一个我们测量时点截距因子的固定负载的 5×1 矩阵。假定这个模型随时间推移不发生变化，所以斜率因子就被省略了。矩阵 $\boldsymbol{\Psi}$ 是一个包含截距方差的 1×1 矩阵，在这一模型中，截距方差被设定为 0。$\boldsymbol{\Theta}_\varepsilon$ 是一个所有对角元素被限定为相等的 5×5 对角矩阵。这一相等的限定表示同方差性的假设。[12] 最后，$\boldsymbol{\alpha}$ 是一个包含估计的整体均值 α_1 的 1×1 矩阵。如果空模型不适合数据（它常常是这样的），常常要估计截距的方差，并将一个线性的斜率因子纳入模型以表示随时间推移而发生的变化。根据一个先验的理论指导或一个更具探索性的方法，截距和斜率的自变量也可以被纳入。这个简单的两参数的模型或一个与它尽可能相近的模型将作为本章其他部分计算 NNFI 时的空模型。

第 5 节 | 模型 1:随机截距模型

　　随机截距模型是潜变量增长曲线模型的一个最简单的例子。在 LGM 中,随机截距模型相当于一个加入均值结构的单因素验证性因子分析(CFA)模型,其中的所有因子负载都被设定为 1,而所有的扰动项方差都被限定为相等(见图 2.2)。参数的矩阵同方程 2.1、方程 2.2、方程 2.3 与方程 2.4 中设定的一样,只是 $\boldsymbol{\Psi}=[\psi_{11}]$,对应整体水平上的个体间差异性。

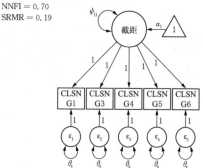

1:随机截距模型
$\chi^2(17)=661.09$, $p<0.0001$
RMSEA $=0.23$, CI$_{0.90}$: 0.22, 0.25
NNFI $=0.70$
SRMR $=0.19$

注:CLSN=母亲-子女亲密度。

图 2.2　一个表示随机截距模型的路径图

当我们使用 LSREL 且用模型 1 拟合表 2.2 的数据时,我们得到了表 2.3 中的参数估计值。[13]结果表明存在显著的、未得到解释的个体内方差($\hat{\theta}_\varepsilon$)与个体间方差(ψ_{11})。在以上两种情况中,这些参数的显著性都可以从它们的大小相对于它们的标准误都超过了 2∶1 的比率看出来。显著的差异性为拟合更复杂的模型(如加入时变与非时变协变量)提供了依据。

表 2.3 模型 1:随机截距模型

参 数	估计值
平均截距$\hat{\alpha}_1$	37.00(0.09)
截距方差$\hat{\psi}_{11}$	5.27(0.30)
扰动项方差$\hat{\theta}_\varepsilon$	4.68(0.11)

注:括号中的数字是参数估计值的标准误。

同时,与图 2.1 暗示的结果一致,拟合度的参数也显示随机截距模型没有令人满意地拟合数据。卡方检验在 $p <$ 0.0001 的水平上拒绝了这一模型,RMSEA 的值远远超过了可以接受的范围(大约小于 0.08),而且模型具有很大的残差。非常明显,一个只有截距的模型是不适合母亲-子女亲密度的数据的。接下来,一个线性截距因子被加入模型,以表示图 2.1 中观测到的大致的线性趋势。

第 6 节 | 模型 2:固定截距、固定斜率

在模型 2 中,我们把截距与斜率都固定,表示只估计一个唯一的、平均的截距参数($\hat{\alpha}_1$)与线性斜率参数($\hat{\alpha}_2$),并忽略任何变化方面的个体间差异性。我们通过在 $\boldsymbol{\Lambda}_y$ 中增加一列来包括斜率。这一列现在表示斜率因子并反映了数据的两个特性:第一,对应于一年级测度的负载被编码为 0,使时间原点定在一年级;第二,列中元素的间距反映了在二年级没有测度时的情况。因此,虽然第一个测度与第二个测度之间的时间是第二个测度与第三个测度之间时间的两倍,但由于时间编码的方式(见方程 2.5),模型仍然反映了线型的增长。

图 2.3 描述了模型 2 中设定的潜变量增长曲线。用矩阵表示截距与斜率因子,它们的方差、协方差以及平均值如下:

$$\boldsymbol{\Lambda}_y = \begin{bmatrix} 1 & 0 \\ 1 & 2 \\ 1 & 3 \\ 1 & 4 \\ 1 & 5 \end{bmatrix} \qquad [2.5]$$

$$\boldsymbol{\Psi} = \begin{bmatrix} 0 & \\ 0 & 0 \end{bmatrix} \qquad [2.6]$$

$$\boldsymbol{\alpha} = \begin{bmatrix} \alpha_1 \\ \alpha_2 \end{bmatrix} \qquad [2.7]$$

$$\boldsymbol{\Theta}_\varepsilon = \begin{bmatrix} \theta_\varepsilon & & & \\ 0 & \ddots & & \\ & & \ddots & \\ 0 & & 0 & \theta_\varepsilon \end{bmatrix} \qquad [2.8]$$

因为截距与斜率都是固定的,所以它们的方差与协方差都被限定为 0(因此 $\boldsymbol{\Psi}$ 包含的都是 0)。同模型 1 一样,矩阵 $\boldsymbol{\Theta}_\varepsilon$ 也被限定用来表示扰动项方差相同的假设。

2:固定截距、固定斜率
$\chi^2(17) = 2\,094.41$, $p < 0.0001$
RMSEA = 0.45, CI$_{0.90}$: 0.44, 0.47
NNFI = 0.02
SRMR = 0.49

3:随机截距、固定斜率
$\chi^2(16) = 297.40$, $p < 0.0001$
RMSEA = 0.15, CI$_{0.90}$: 0.14, 0.16
NNFI = 0.86
SRMR = 0.19

4:随机截距、随机斜率
$\chi^2(14) = 75.90$, $p < 0.0001$
RMSEA = 0.07, CI$_{0.90}$: 0.06, 0.09
NNFI = 0.96
SRMR = 0.06

5:多群体分析
$\chi^2(28) = 125.25$, $p < 0.0001$
RMSEA = 0.09, CI$_{0.90}$: 0.07, 0.10
NNFI = 0.94
SRMR = 0.10(男孩), 0.07(女孩)

注:CLSN = 母亲-子女亲密度。

图 2.3　表示具有随机截距、随机斜率、截距-斜率协方差和相同扰动项方差的一般线性潜变量增长曲线模型的路径图

表 2.4　模型 2：固定截距、固定斜率

参　　数	估计值
平均截距 $\widehat{\alpha}_1$	38.00(0.09)
平均斜率 $\widehat{\alpha}_2$	-0.36(0.03)
扰动项方差 $\widehat{\theta}_\epsilon$	9.57(0.21)

注：括号中的数字是参数估计值的标准误。

　　表 2.4 与图 2.3 描述了模型的结果。新的斜率参数估计值 α_2 是显著的负值，反映了母亲与子女间的亲密度在小学阶段随时间的推移而降低的事实。但是，模型 2 的拟合度（见图 2.3）比模型 1 的拟合度差很多。这一较差的拟合度来自截距与斜率因子设定的方式。模型 2 使用固定的截距与斜率。它限定每一对母亲-子女都有相同的起始亲密度，并强制每一对的亲密度都以恰好相同的速度降低。人与人之间显然是不同的，但这一模型并没有考虑到这一点。从另一个角度来看，这一拟合不足的原因在于，固定截距模型意味着方差的个体间部分（组内相关系数，即 ICC）为 0。数据中 ICC 偏离 0 的程度决定了固定截距模型拟合更差的程度。一个暗含非零 ICC 的随机截距模型能够解释重复测度间的部分自相关。我们先通过放松对截距方差的限制，或者说"解放"截距（模型 3）来解决这一问题，再同时解放截距与斜率（模型 4）。

第 7 节 ｜ 模型 3：随机截距、固定斜率

　　我们有理由怀疑并不是每一对母亲-子女在一年级时都有同等的亲密度。但是，先前的固定截距模型的设定却是这样假定的。虽然我们在拟合模型 1 时解放了截距，但是当我们把年级以斜率因子负载的形式引入后就又将其固定了。一个更实际的模型会通过允许截距的方差被自由地估计来允许个体在截距上有所不同。这一略微修改的模型通过估计一个平均截距（$\hat{\alpha}_1$）和一个表示个体的方差相对于总体平均方差的变化程度的截距方差（$\hat{\psi}_{11}$）来表示个体在截距上的差异性。模型 3 的参数估计值（见表 2.5）与模型 2 的相似，母亲与子女亲密度的平均变化大约是每年级 -0.36 个单位而平均的截距大约是 38。截距的方差（$\hat{\psi}_{11}=5.37$）是显著的，显示个体在初始状态有明显的差异。允许个体的截距是随机的——只解放了模型 2 中的一个参数——显著地提高了模型的拟合度。如我们所料，这一模型的拟合度比前面的固定截距模型要好得多，$\Delta\chi^2(1)=1\,797$。[14]但是，正如显著的扰动项方差（$\hat{\theta}_\varepsilon=4.21$）所示，模型仍然有提高的空间。正如我们有理由假设儿童在一年级的初始状态是不同的，我们同样有理由假设每一对母亲-子女的亲密度随时间推移的变化速度也是不同的。

表 2.5 模型 3:随机截距、固定斜率

参 数	估计值
平均截距 $\widehat{\alpha}_1$	38.00(0.10)
平均斜率 $\widehat{\alpha}_2$	−0.36(0.02)
截距方差 $\widehat{\psi}_{11}$	5.37(0.30)
扰动项方差 $\widehat{\theta}_\varepsilon$	4.21(0.10)

注:括号中的数字是参数估计值的标准误。

请注意,模型 3 的平均截距和斜率的估计值与模型 2 相同,我们所做的只是允许围绕平均截距的个体差异性存在。有趣的是,模型 3 中截距方差与扰动项方差之和等于模型 2 中的扰动项方差。在模型 2 中,截距的方差被限定为 0,迫使所有的个体间差异以扰动项方差的形式表现。在下一个模型中,截距和斜率都被允许有所变化。

第 8 节 | 模型 4：随机截距、随机斜率

到现在为止，我们所展示的都是如何拟合只有固定斜率的模型。但是，一般而言，个体间在基线水平和变化的速度上都会有差异。我们先前的每一个固定参数模型都忽略了部分个体的差异性。为了更好地反映数据的本质，我们现在设定截距与斜率方差参数都是随机的。在模型 4 中，每一个个体都被允许有不同的斜率和不同的截距。[15]这一模型除了在更多的情况下更为实际外，还允许对截距-斜率的协方差(ψ_{21})进行估计。在我们的例子中，截距-斜率的协方差指的是一年级时，母亲-子女亲密度与随时间推移的变化速度的相关程度。

同先前的模型一样，模型 4 的 LGM 的表述是较为简单的。为了设定这一模型，我们解放截距与斜率因子的方差并添加一个截距-斜率协方差参数。矩阵 $\boldsymbol{\Psi}$ 因此变为：

$$\boldsymbol{\Psi} = \begin{bmatrix} \psi_{11} & \\ \psi_{21} & \psi_{22} \end{bmatrix} \qquad [2.9]$$

用 LISREL 估计模型 4 中的参数得到表 2.6 中的估计值。截距的方差相对于斜率的方差而言较大，而截距-斜率的协方差(0.25，对应于 0.40 的相关系数)是显著的。这表明有较高

截距的儿童的负斜率较小,或者说在一年级时更高的母亲与子女的亲密程度的下降速度,比那些在一年级时不那么高的母亲与子女亲密程度的下降速度慢。

表 2.6　模型 4:随机截距、随机斜率

参　　　　数	估计值
平均截距 $\hat{\alpha}_1$	38.00(0.08)
平均斜率 $\hat{\alpha}_2$	−0.36(0.02)
截距方差 $\hat{\psi}_{11}$	2.98(0.29)
斜率方差 $\hat{\psi}_{22}$	0.14(0.02)
截距/斜率协方差 $\hat{\psi}_{21}$	0.25(0.06)
扰动项方差 $\hat{\theta}_{\epsilon}$	3.70(0.10)

注:括号中的数字是参数估计值的标准误。

卡方差异检验显示,这个具有随机截距和随机斜率的模型的拟合度比只有一个随机截距的模型 3 的拟合度有显著的提高, $\Delta\chi^2(2)=221.5$, $p<0.0001$ 。 RMSEA、NNFI 与 SRMR 拟合指标同样都显示了好的拟合。如前所述,截距与斜率间的显著正协方差意味着在一年级时更亲密的母亲-子女往往较少经历亲密度的大幅下降。

在读者作出与其母亲有更亲密关系的儿童在剩余的小学学年中,亲密度只会较小地下降的结论之前,请回顾一下我们关于截距-斜率协方差(ψ_{21})解释的评论:必须注意的是,如果零时点被定在其他的年龄,那么截距-斜率协方差可能远没有这么令人印象深刻。譬如,大部分被选中的儿童在上幼儿园时有相同的母亲-子女亲密度,当时间在一年级对中时,仅仅截距的不同就会影响我们观测到的协方差。实际上,如果我们重新调整年龄变量,从而使截距定义在一年级之前的两年,我们就会得到一个 −0.03 的不显著的截距/斜

率相关度。这突出了在拟合一个模型时决定将时间刻度的原点放在何处的重要性。

梅塔和韦斯特（Mehta ＆ West，2000）指出，如果线性 LGM 是数据的一个合适的模型，那么重复测度的真实分数的方差就会遵循一个二次的模式。用 t 表示时间，t^* 表示时间原点，可以得到：

$$\sigma^2_{\xi(t)} = \psi_{11} + \psi_{22}(t - t^*)^2 + 2\psi_{21}(t - t^*) \qquad [2.10]$$

在这里，$\sigma^2_{\xi(t)}$ 是 t 时的真实分数方差，ψ_{11}、ψ_{22} 和 ψ_{21} 分别是总体截距方差、斜率方差和截距-斜率协方差。换句话说，个体轨迹的集合就像一条蝶形领结或是扇形。在很多情况下，个体间的差异性在哪一点得到最小化（领结的"结"）是我们感兴趣的。这一点被汉考克和乔（Hancock ＆ Choi，2006）称为"孔径"，可简单地通过选择最小化截距方差的时间原点计算出来：

$$a = a^* - \frac{\hat{\psi}_{21}}{\hat{\psi}_{22}} \qquad [2.11]$$

在这里，a^* 是最初选定的时间原点的时点，$\hat{\psi}_{21}$ 与 $\hat{\psi}_{22}$ 分别是估计的截距-斜率协方差与斜率方差。[16]孔径是 $\psi_{21} = 0$ 时的那一点（Mehta ＆ West，2000）。用模型 4 中的结果，儿童在母亲-子女亲密度上最相近的时点是 $a = 0 - 0.2533 / 0.1366 = -1.85$，即进入小学的前一年。当然，当孔径落在观测到的数据的时点范围内时，我们就应当谨慎解释，因为这就迫使研究者假设线性模型适用于这些时点，而这并不一定成立。

总结我们以上的讨论，我们从估计一个空模型发展到估计一个有随机截距与随机斜率的模型。随机截距模型（模型

1)表明,绝大多数的差异发生在个体内部,但个体之间也有不可忽视的差异性存在。模型 2 显示,当个体间差异被忽略时,我们可以发现什么,以及当不同的个体的结果测度有不同的变化轨迹时,将参数限定在某一特定值时会如何损害模型的拟合度。模型 3 基于模型 2,解放了截距方差参数。我们发现,允许不同的人有不同的截距使得模型拟合度的大幅提高。具有随机截距与斜率的模型(模型 4)比先前限定更多的模型(模型 2 与模型 3)表现得好得多。除了提高整体拟合度外,模型 4 的优势在于发现了截距与斜率间的一个显著的正协方差(ψ_{21}),这表明亲密度随时间推移而变化的速度与一年级时的亲密度有关。我们将模型 4 作为接下来研究的模型的基础。在模型 5 中,我们检验了母亲-子女亲密度变化轨迹存在性别差异的可能性。

第9节｜模型5：多群体分析

　　模型4的结果表明，假设个体具有不同的截距与斜率是有意义的。然而，这部分的差异有可能与其他变量有系统性的相关。例如，我们可以假设和检验男孩与女孩在平均截距与斜率上的群体差异（McArdle & Epstein，1987）。至少有两种方法来检验群体在轨迹上的差异：（1）把样本分成两组，然后在两组中同时估计参数；（2）把群体变量设定为截距与斜率的自变量。在LISREL中，设定一个双群体分析需要将数据根据性别分为两个数据集，并进行一个多样本分析。在这一分析中，模型被同时拟合到两个数据集中。两个模型用相同的程序命令设定，每一个模型都如图2.3中所描述的那样。不同群体模型的参数矩阵中的重要参数被加上相等的限定，以检验各群体在这些参数上存在差异的假设。这一多群体分析的方法原则上可以被运用于任意数量的群体，而不同的群体也可以设定不同的模型形式。正如我们下一章要讨论的，这一方法使我们能够以一种新颖的方式来研究纵向设定下的实验效应以及初始状态与实验的交互效应。而用群体作为自变量的方法将在模型6中进行讨论。

　　我们把多群体的策略运用到亲密度数据上，对男孩组与女孩组同时拟合不同的模型，但并不设定跨群体的模型参数限制，其结果显示在表 2.7 中。其中，NNFI 是根据每个群体的双参数空模型分别计算的。模型拟合度一般（RMSEA ＝ 0.088，90％的置信区间 ＝ {0.072，0.104}），表明允许对参数估计值进行谨慎解释。男孩组与女孩组的所有参数估计值，除了女孩组的截距-斜率协方差（ψ_{21} ＝0.14）外都显著，这个值比男孩组的值（ψ_{21} ＝0.36）明显低得多。与这些协方差所对应的相关系数分别是 r ＝0.22（女孩组）和 r ＝0.59（男孩组），表明在初始状态（一年级时）和随时间变化的母亲-子女亲密度的相关程度上，男孩比女孩要高得多。

表 2.7　模型 5：多群体分析

参　　数	估计值
男孩	
平均截距 $\hat{\alpha}_1$	37.85(0.12)
平均斜率 $\hat{\alpha}_2$	−0.38(0.03)
截距方差 $\hat{\psi}_{11}$	3.03(0.42)
斜率方差 $\hat{\psi}_{22}$	0.12(0.03)
截距/斜率协方差 $\hat{\psi}_{21}$	0.36(0.08)
扰动项方差 $\hat{\theta}_\varepsilon$	3.78(0.15)
女孩	
平均截距 $\hat{\alpha}_1$	38.14(0.11)
平均斜率 $\hat{\alpha}_2$	−0.33(0.03)
截距方差 $\hat{\psi}_{11}$	2.90(0.39)
斜率方差 $\hat{\psi}_{22}$	0.15(0.03)
截距/斜率协方差 $\hat{\psi}_{21}$	0.14(0.08)
扰动项方差 $\hat{\theta}_\varepsilon$	3.63(0.14)

请注意，男孩组的截距与斜率（分别是 37.85 和−0.38）比女孩组的（分别是 38.14 和−0.33）斜率低。这表明平均而言，男孩似乎比女孩起点低，而下降的速度快。考虑到这些明显的差别，研究者有充足的理由来检验这些差别是否显

著，一个方法就是限定这些跨群体的参数相等，然后通过卡
方差异检验来观察模型的拟合度是否有显著的下降。在这
里，如果我们限定截距的均值相等（允许斜率变化），差异检
验的结果就是 $\Delta\chi^2(1) = 3.11$, $p = 0.08$，表明截距没有显著
的不同。如果我们改为限定斜率的均值相等（允许截距变
化），差异检验同样也是不显著的，即 $\Delta\chi^2(1) = 1.47$, $p = 0.23$，表明斜率也没有显著的不同。尽管看起来有区别，但
并没有足够的证据表明男孩与女孩在一年级到六年级间的
母亲-子女亲密度上遵循不同的线性轨迹。当然，检验其他
跨群体限制条件同样是可能的，但理论可能会建议检验扰动
项方差或截距-斜率协方差（ψ_{21}）的区别。关于男孩组与女孩
组 ψ_{21} 相等的假设，其检验也是不显著的，即 $\Delta\chi^2(1) = 3.83$,
$p > 0.05$。

其他著作中有关于多群体 LGM 的例子和进一步的讨论
（参见 Curran, Harford & Muthén, 1996；Curran, Muthén &
Harford, 1998；McArdle, 1989；McArdle & Epstein, 1987）。
在这一节结束时，我们有必要指出，我们的研究假设群体的
成员资格是已知的（可观察到的）。如果群体是假定的，同时
其成员资格是不确定的，那么研究者可能会对第 3 章讨论的
增长混合模型感兴趣。接下来，我们将展示对于亲密度变化
轨迹的性别差异研究的另一种方法。

第 10 节 | 模型 6：条件增长曲线模型

除了使用多群体模型，对截距与斜率的性别差异分析可以通过在一个单组分析中，将性别作为截距与斜率的外生变量（第二层单位或非时变协变量）来大大简化模型。这样的随机变量的自变量能够被引入模型，来解释个体间截距与斜率估计值的差异。方差参数在模型 3 与模型 4 中被解放。因为截距与斜率的方差可以被看作未得到解释的个体差异，这种分类或连续的第二层变量有可能解释这些差异。这类模型有时被称为"条件 LGM"（Tisak & Meredith，1990；Willett & Sayer，1994），而模型 1 到模型 5 则可以被称为"无条件 LGM"（Singer & Willett，2003）。虽然我们只选择性别作为自变量，但实际应用中可以选择任意数量的自变量，如测量个体在种族、社会经济地位或父母的宗教信仰等方面的差异的变量。与模型 5 相比较，模型 6 一个明显的优势就是，因为不需要把样本分成几个群体，非时变协变量既可以是名义变量（如这里的性别），也可以是连续变量。但其中一个不足就是，研究者必须能够假设某些跨群体的模型参数不变。譬如，我们在模型 5 中可以自由地估计男孩组和女孩组的不同扰动项方差，但在模型 6 中，我们就要投入许多额外的努力才能做到这一点。

我们在模型 6 中展示了运用分组变量（性别）作为自变量的方法。在这一模型中，我们用一个固定系数 β_1 使性别成为截距的一个自变量，这一系数被解释为性别对截距的平均效果。[17]性别同样以固定系数 β_2 为参数，作为斜率的一个自变量。当一个非时变协变量被当作斜率的自变量时，其效应常常被称为"跨层交互效应"，因为时间（第一层）与协变量（第二层）互相影响，共同预测重复测度（Cronbach & Webb，1975；Curran, Bauer & Willoughby，2004；Kreft & de Leeuw，1998；Raudenbush & Bryk，2002）。注意，如果年龄对母亲-子女亲密度的影响在个体间是不同的，而性别部分地解释了个体在这一影响上的差异，那么跨层交互效应与传统的多元回归分析中的调节效果就有同样的解释。[18]

图 2.4 是一个包括性别作为截距与斜率的自变量的路径图。截距与斜率的方差以及它们的协方差被重新概念化为残差方差与残差协方差，即性别未能解释的那部分方差与协方差。在图 2.4 中，这些残差参数即 ψ_{11}、ψ_{22} 与 ψ_{21}。参数 β_1 和 β_2 分别表示性别对截距和斜率的影响。这一模型的结果展示在图 2.4 和表 2.8 中。NNFI 是将模型 0 作为空模型计算出来的，因为估计性别的均值和方差得以提高。

模型 6 的结果显示，性别预测截距的系数是 -0.29，也就是说，在一年级时，母女（编码为 0）比母子（编码为 1）的亲密度分数高，但这一差异并不显著。母女也比母子表现出较少的随时间发生的变化，虽然也不显著。正如我们所预期的，这些结果同我们从模型 5 中得到的一致。例如，男孩和女孩的平均截距的差异（见表 2.7）是 37.85 - 38.14 = -0.29，等于模型 6 中所估计的性别的固定效应 $\hat{\beta}_1$（见表 2.8）。同样，

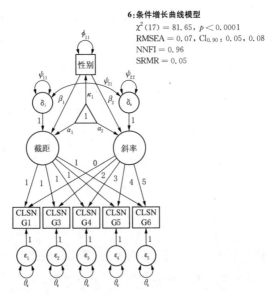

6:条件增长曲线模型
$\chi^2(17) = 81.65$, $p < 0.0001$
RMSEA $= 0.07$, CI$_{0.90}$: $0.05, 0.08$
NNFI $= 0.96$
SRMR $= 0.05$

注:CLSN $=$ 母亲-子女亲密度。

图 2.4   以性别自变量预测截距与斜率的个体差异的模型的路径图

表 2.8   模型 6:条件增长曲线模型

参　　数	估计值
平均截距 $\hat{\alpha}_1$	38.14(0.11)
平均斜率 $\hat{\alpha}_2$	$-0.33(0.03)$
性别对截距的影响 $\hat{\beta}_1$	$-0.29(0.16)$
性别对斜率的影响 $\hat{\beta}_2$	$-0.05(0.04)$
截距方差 $\hat{\psi}_{11}$	2.96(0.28)
斜率方差 $\hat{\psi}_{22}$	0.14(0.02)
截距/斜率协方差 $\hat{\psi}_{21}$	0.25(0.06)

注:括号中的数字是参数估计值的标准误。

模型 5 中的平均斜率差异是 -0.05,等于模型 6 中得到的性别对斜率的固定效应 $\hat{\beta}_2$。由于模型 5 和模型 6 并不完全相同(跨群体间的扰动项方差不同),结果不一定总是这么相

近。我们须注意,这里的结果可以通过增加一个跨群体相等
的限定而轻易改变。

把非时变协变量当作增长因子的自变量可能存在问题。
条件增长曲线模型可以被理解为一个调解模型。在这一模
型中,增长因子被假定为完全调解非时变协变量对结果变量
的影响,但完全调解不太可能是一个站得住脚的假设。例
如,在模型 6 中,如果省略直接连接儿童性别与亲密度的路
径,那么性别的直接影响就被默认为 0。如果这些零限定是
不适当的,那么模型拟合度就会变得很差,参数估计值也可
能是有偏的。一个可行的策略是放宽对直接影响的限定(从
而估计直接连接协变量与每个重复测度的路径系数)而将
$\hat{\beta}_1$ 和 $\hat{\beta}_2$ 限定为 0(Stoel, van den Wittenboer & Hox, 2004)。
但是,这个模型也许并不能从实质上解决问题。此外应当记
住,外生变量影响截距因子的解释是会随着时间的测量尺度
与时间原点的位置发生变化的(Stoel, 2003; Stoel & van den
Wittenboer, 2003)。

第 11 节 | 模型 7：并行过程模型

　　我们可以研究两个重复测度的变量在变化方面的关系对于一个以上变量的增长过程进行拟合，这一过程允许我们研究不同变量变化方面的关系（McArdle，1989）。譬如，研究者或许对同时拟合母亲-子女冲突度与父亲-子女冲突度的增长感兴趣，并探索一个增长曲线的截距与另一个斜率之间的关系。这种模型有"并行过程模型"（Cheong，MacKinnon & Khoo，2003）、"多元变化模型"（MacCallum et al.，1997）、"跨域个体增长模型"（Sayer & Willett，1998；Willett & Sayer，1994，1995）、"多域模型"（Byrne & Crombie，2003）、"完全多元潜变量轨迹模型"（Curran & Hussong，2003；Curran & Willoughby，2003）、"同步增长模型"（Curran et al.，1996）、"二元增长模型"（Aber & McArdle，1991）或"联合LGM"（S.C. Duncan & Duncan，1994；T.E. Duncan，Duncan & Strycker，2006；T.E. Duncan et al.，1999；Tisak & Meredith，1990）等各种名称，可以很容易从一个简单的随机截距、随机斜率模型中得出。并行过程模型包含两组截距与斜率，每个重复测度的变量各有一组。截距与斜率间的协方差同样被估计（见图2.5）。在这个例子中，我们用母亲-子女亲密度与母亲-子女冲突度作为两个因变量（见表2.9）。样本包括 849 个有母亲-子女亲密度与母亲-子女冲突度完整数据的儿童(433 个女孩和 416 个男孩)。NNFI 是将一个亲密度和冲突度的固定截距模型作为空模型计算的,允许特定时点的扰动项共变。

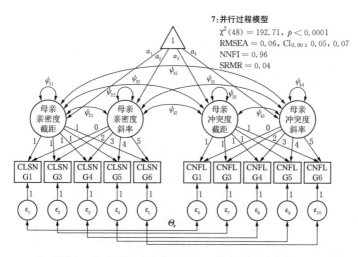

注:CLSN = 母亲-子女亲密度;CNFL = 母亲-子女冲突度。

图 2.5 母亲-子女亲密度与母亲-子女冲突度同时增长模型的路径图

表 2.9 模型 7:并行过程模型

参　　数	估计值
母亲-子女亲密度	
平均截距 $\hat{\alpha}_1$	38.00(0.08)
平均斜率 $\hat{\alpha}_2$	$-0.36(0.02)$
截距方差 $\hat{\psi}_{11}$	2.99(0.29)
斜率方差 $\hat{\psi}_{22}$	0.14(0.02)
截距/斜率协方差 $\hat{\psi}_{21}$	0.25(0.06)
母亲-子女冲突度	
平均截距 $\hat{\alpha}_3$	15.24(0.20)
平均斜率 $\hat{\alpha}_4$	0.30(0.04)

续表

参　　数	估计值
截距方差 $\hat{\psi}_{33}$	25.74(1.61)
斜率方差 $\hat{\psi}_{44}$	0.40(0.06)
截距/斜率协方差 $\hat{\psi}_{43}$	−0.57(0.23)
曲线协方差	
截距协方差 $\hat{\psi}_{31}$	−3.88(0.51)
CLSN 截距/CNFL 斜率协方差 $\hat{\psi}_{41}$	0.13(0.09)
CNFL 截距/CLSN 斜率协方差 $\hat{\psi}_{32}$	−0.41(0.12)
斜率协方差 $\hat{\psi}_{42}$	−0.07(0.02)
曲线相关	
截距协方差	−0.44
CLSN 截距/CNFL 斜率协方差	0.12
CNFL 截距/CLSN 斜率协方差	−0.22
斜率协方差	−0.28

注:括号中的数字是参数估计值的标准误。
CLSN = 母亲-子女亲密度;CNFL = 母亲-子女冲突度。

　　表 2.9 显示了一些有意思的结果,但对小学儿童的家长来说,也许没有什么是让人惊奇的。首先,如我们所料,与母亲-子女亲密度相关的参数估计值与模型 4 中的几乎相同,且任何差异都可以归结于模型 7 所用样本由于缺失数据的缘故而较小这一事实。亲密度与冲突度都随时间而变化,但是正如它们的平均斜率估计值所显示的,两者变化的方向相反。截距与斜率间协方差的估计值呈现在表 2.9"曲线协方差"部分,这些协方差暗含的相关度则在"曲线相关"的部分。截距的协方差(ψ_{31})是显著的负值,意味着与母亲在一年级时特别亲密的儿童经历最少的冲突。同样,斜率协方差(ψ_{42})也是显著的负值,意味着那些亲密度急剧下降的儿童往往就是那些随着年龄增长而经历加速冲突的儿童。最后,冲突度的截距与亲密度的斜率(ψ_{32})是负相关的,说明那些在一年级时

表现出与母亲相对较多的冲突的儿童,随着他们年纪的增长,往往会经历急速的亲密度的下降。

拓展基本的并行过程模型是可能的。如果与两个变量的重复测度相关的斜率被假设成不仅相关,而且有因果关系,那么就可以在增长因子间设定有方向性的路径。譬如,柯伦、斯蒂斯和沙桑(Curran、Stice & Chassin,1997)使用了一个并行过程模型,其中青少年酗酒与同辈人酗酒同时随时间发生线性变化。年龄、性别和父母酗酒被用来预测变化的方面,而个体在每个重复测度的变量截距(调整到最初的测度时点)上的差异被用来预测其他重复测度变量的差异性。柯伦和胡松(Curran & Hussong,2002)对儿童的反社会行为与阅读能力进行并行增长建模,预测阅读能力的斜率与反社会行为的截距。柯伦等人(Curran et al.,1996)设定了一个模型,其中酗酒和光顾酒吧的截距被假设影响彼此的斜率。劳登布什、布雷南和巴尼特(Raudenbush、Brenan & Barnett,1995)用同样的方法为同时影响夫妻对婚姻质量评价变化的自变量建模,其中每一对夫妻中的每个人都以三年的间隔进行测量。此外,也可以设定超过两个重复测度变量的并行过程。

第 12 节 │ 模型 8:队列序列设计

　　当在一个样本中评估变化轨迹时,横截面研究方法与纵向研究方法都有潜在的缺陷。一方面,横截面设计有时会存在队列或历史效应,这可能会导致研究者认为存在一个实际上并不存在的趋势,或者忽视一个真正存在的趋势。另一方面,纵向研究有时会受累于同一个体的重复测度的污染威胁。"队列序列设计"(Meredith & Tisak, 1990;Nesselroade & Baltes, 1979;Schaie, 1965, 1986;Tisak & Meredith, 1990),也称"加速纵向设计"(Miyazaki & Raudenbush, 2000;Raudenbush & Chan, 1992;Tonry, Ohlin & Farrington, 1991)或"收敛方法"(Bell, 1953, 1954;McArdle, 1998),通过结合纵向与横截面方法来研究发展变化,这一方法一直被建议用来减少这些潜在的混淆。队列序列设计也大大缩短了进行纵向研究所需的时间,并减少了样本损耗的问题(Tonry et al., 1991)。考虑一下年龄作为时间度量的情况。与其追踪同一批高中一年级新生八年直到大学结束,研究者可以选择只追踪三个队列(高中一年级学生、高中三年级学生和大学一年级学生)四年。通过运用研究对象的多个队列,同时对每个队列只进行几个时点的测量,就可以得到整个研究关注的时间段的完全轨迹。队列序列设计应当更多地被视为一种有效的数据收集策略而不是一种建模方法,但是这一策略带来了一些有意思的建模选择。

为了用我们的例子来展示队列序列数据的分析,我们创造了两个人为的队列。我们先把数据随机分为两组,然后删除部分数据来模仿一个从真正的队列序列设计收集来的数据模式。对于队列 1,我们删除了所有六年级儿童的测度,而对于队列 2,我们删除了所有一年级儿童的测度。这就生成了一个新的数据集,使得队列 1 的儿童有一年级、三年级、四年级和五年级的数据,而队列 2 的儿童有三年级至六年级的数据。在随机将个案分到每个队列并删除部分数据的过程中,我们的样本量减少到了 893($n_1=426$,$n_2=467$)。当然,在实践中,这两个队列的数据会是在同一个 5 年的时间段内同时收集的,甚至在时间尺度上更少的重叠也是可以接受的。

队列序列数据可以用两种方法来研究。首先,研究者可以将数据合并,并进行一个单组分析。这一方法将每个队列因为没有收集数据而产生的缺失值当作完全随机缺失。这一般是一个保险的假设,因为缺失值是因研究设计而产生的(T.E. Duncan et al., 1999; B. Muthén, 2000)。或者,研究者可以把队列看成不同的组而进行一个多群体分析(McArdle & Hamagami, 1992)。这个方法与模型 5 相似,数据按队列分组,所有跨队列的相应参数都被限定为相等。这一多群体的选择来源于一种处理缺失数据的方法,其中相对较少的几个“缺失”模式是可识别的(Allison, 1987; T.E. Duncan et al., 1999; McArdle & Bell, 2000; McArdle & Hamagami, 1991; B. Muthen et al., 1987)。米滕(B. Muthén, 2000)展示了如何用这两种方法来实现队列序列设计。应该注意的是,将不同的队列当作单独的群体时,可能会在某些情况下导致估计问题(T. E. Duncan et al., 1999)。对于某些样本量小的群体,甚至可能出现比研究者所关心的时点更多的测度时点,这使我们不得不删除一些数据,即从模型中去掉一些测量时点。在这里,我们的样本量较大,所以这一问题并不重要。下面,我们展示单组和多群体两种方法。

单组方法的设定与模型 4 是一样的,因此路径图就是图 2.3 中的模型 4。它们唯一的区别就是所有队列 1 中的研究对象都缺失六年级的数据而队列 2 中的研究对象则都缺失一年级的数据。其结果(见表 2.10)与模型 4 的结果相似,虽然标准误较大,但考虑到较小的样本量和缺失数据,这也是预料之中的。尽管这样,结果支持从较大样本分析得来的同样结论。一年级平均亲密度分数的估计值 $\hat{\alpha}_1=37.99$,而平均斜率 $\hat{\alpha}_2=-0.35$。两者都与模型 4 中的估计值相似,截距与斜率的方差和协方差也是一样的。

表 2.10　模型 8:队列序列设计

参　数	单组估计值	多组估计值
平均截距 $\hat{\alpha}_1$	37.99(0.10)	37.95(0.13)
平均斜率 $\hat{\alpha}_2$	−0.35(0.03)	−0.36(0.04)
截距方差 $\hat{\psi}_{11}$	3.73(0.43)	3.73(0.43)
斜率方差 $\hat{\psi}_{22}$	0.10(0.03)	0.10(0.03)
截距/斜率协方差 $\hat{\psi}_{21}$	0.21(0.10)	0.21(0.10)
扰动项方差 $\hat{\theta}_\varepsilon$	3.77(0.12)	3.78(0.12)

注:括号中的数字是参数估计值的标准误。

多群体队列序列方法与先前的双组分析(模型 5)相似,所有跨队列的参数,包括截距与斜率的均值,都被限定为相等。谨慎地设定这些相等的限定是非常重要的。在我们的分析中，每个数据集只包括那些参与者提供了数据的变量。因此，队列1的数据集只有四个对应于一年级、三年级、四年级和五年级的测度的变量。同样，队列2的数据集也只包含三年级至六年级的测度。队列1的四年级的亲密度变量是第三个重复测度，而在队列2中，则是第二个重复测度。两个队列的因子负载矩阵则是：

$$\boldsymbol{\Lambda}_1 = \begin{bmatrix} 1 & 0 \\ 1 & 2 \\ 1 & 3 \\ 1 & 4 \end{bmatrix} \qquad [2.12]$$

$$\boldsymbol{\Lambda}_2 = \begin{bmatrix} 1 & 2 \\ 1 & 3 \\ 1 & 4 \\ 1 & 5 \end{bmatrix} \qquad [2.13]$$

与之对应的路径图显示在图2.6中。

表2.10中右边一栏的参数估计值与那些从单组分析中得到的估计值十分相似。关于多群体队列序列方法，有另外一些例子（参见 Aber & McArdle，1991；Anderson，1993；Baer & Schmitz，2000；Buist，Deković，Meeus & van Aken，2002；T. E. Duncan，Dunca & Hops，1993；S. C. Duncan，Duncan & Hops，1996；AcArdle & Anderson，1990）。

请注意，在单组队列序列设计中并没有提供NNFI，这是因为部分数据被当作缺失。为了使用最大似然估计以获得以之为基础的所有拟合指标，我们建议在可以获得每一组的

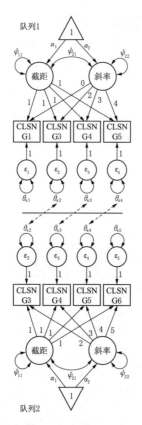

注：CLSN = 母亲-子女亲密度。

图 2.6 多群体队列序列设计模型的路径图

完全数据的情况下使用多群体的方法，用协方差和平均值作为每一队列的输入数据。如果某些个案有缺失数据，我们建议采取完全信息最大似然估计法的缺失值估计技术，以利用所有可得数据。放弃具有有效信息的数据在绝大多数情况下是不恰当的。此外，如果需要在每个队列内分别估计扰动项方差，选多群体方法会比较好。

　　检验队列序列设计的多群体方法可以通过卡方检验以明确检验队列效应,如队列平均截距或斜率的差异(Anderson,1993;Meredith & Tisak,1990)。在单组的方法中,也可以通过将队列作为截距和斜率的一个虚拟自变量(Raudenbush & Chan,1992)并通过其显著性水平来检验队列效应,但是这一设定需要有跨队列扰动项方差相等的假设。[19]

第 13 节 | 模型 9:时变协变量

前面我们把时变协变量定义为通过重复测量获得,并被用来预测一个结果变量的重复测度的变量。虽然有很多在多层模型的背景下关注 TVC 的文章,但是它们很少关注如何在 LGM 的背景下处理 TVC。有两种方法可在 LGM 中处理 TVC。这两种方法讨论了略有不同的问题。第一种由米滕(B.Muthén,1993)提出并在乔治(George,2003)、贝勒费尔德和范德坎普(Bijleveld & van der Kamp,1998)和格伦与其同事(Curran & Hussong,2002,2003;Curran & Willoughby,2003;Curran et al.,1998;B.O.Muthén & Curran,1997)的文章中被阐明或被使用的方法,即直接将 TVC 当作结果的重复外生自变量包括在模型中,如图 2.7 所示。这一模型中的 β 参数被解释为协变量的具体时点效应,或是协变量预测结果变量在具体时点上的偏差的能力。在这个方法中,一个 TVC 的效应可能会随时间而变化,但在个体内部是不变的。或者,β 参数可以被限定为相等,来表示协变量的效应在所有时点一直不变的假设。无论哪一种情况,这个模型都反映了重复测量变量在控制 TVC 具体时点效应后的增长。

我们用图 2.7 中的模型来拟合亲密度数据,把母亲-子女冲突度视为与亲密度同时测量的一个 TVC。结果呈现在

表 2.11 和图 2.7 中。NNFI 是通过增强模型 0（空模型）来计

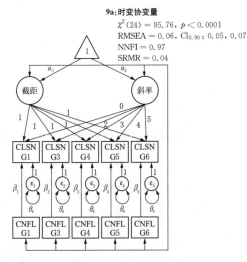

注：CLSN = 母亲-子女亲密度；CNFL = 母亲-子女冲突度。

图 2.7 以米滕（B.Muthén, 1993）建议的方式建立的包含时变协变量的增长曲线模型

表 2.11 模型 9a：时变协变量

参 数	估计值
平均截距 $\hat{\alpha}_1$	40.17(0.41)
平均斜率 $\hat{\alpha}_2$	−0.36(0.12)
截距方差 $\hat{\psi}_{11}$	2.41(0.25)
斜率方差 $\hat{\psi}_{22}$	0.13(0.02)
截距/斜率协方差 $\hat{\psi}_{21}$	0.20(0.05)
扰动项方差 $\hat{\theta}_\varepsilon$	3.52(0.10)
冲突影响(G1) $\hat{\beta}_1$	−0.15(0.03)
冲突影响(G3) $\hat{\beta}_2$	−0.13(0.01)
冲突影响(G4) $\hat{\beta}_3$	−0.13(0.01)
冲突影响(G5) $\hat{\beta}_4$	−0.13(0.01)
冲突影响(G6) $\hat{\beta}_5$	−0.13(0.02)

注：括号中的数字是参数估计值的标准误。

算的,也就是估计 TVC 的五个重复测度的均值和方差。冲突度对亲密度的具体时间效应在所有检验的年级保持在 -0.15 到 -0.13 之间,表明在每一时点去除个体差异由截距与斜率因子解释的部分后,冲突度常常与亲密度负相关。在没有满足建立因果关系的标准之前,将这一关系称为因果关系是没有依据的。

另一个将 TVC 纳入增长曲线模型的方法利用了定义变量。这个方法同 SEM 的标准做法有些不同,但与多层模型包含 TVC 的标准方法(Raudenbush & Chan,1993)类似。时间(或年龄等)变量本身可以被看作一个 TVC,因为时间在结果的重复测度上是不同的。如果定义变量能够容纳不同个体的不同测度时点,那么它们也能够以相似的方式被用来对其他 TVC 的效应建模。一个额外的斜率因子被添加到模型中来表示 TVC。TVC 的值被加入个体数据矢量中,实质上给了每个个体或第二层单位一个独特的 Λ_y 矩阵。在这一方法中,一个 TVC 的效应可以在个体间变化,但不随时间而变化。也就是说,被估计的是一个不同个体间的平均 TVC 效应,如果需要的话,TVC 的斜率因子的方差(以及同其他变化因子之间的斜方差)也可以被估计。这一方法要求将原始数据作为输入数据。

例如,来看图 2.8 中的模型。在每个测度时点(年级),每个个体也提供了母亲-子女冲突度(TVC)的数据。三个个体数据矢量被作为例子,菱形框中的数字表示每个 TVC 的个体数据矢量的内容。同样的标记法在梅塔和韦斯特(Mehta & West,2000:34)的著作中可以找到。使用这一方法,多个 TVC 可以通过对每个协变量使用一个不同的斜率因子负载

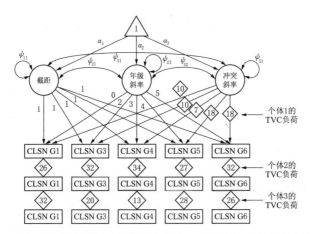

注:增长模型可以用于重复测量的协变量。扰动项方差被列出但没有解释。

　　CLSN = 母亲-子女亲密度;TVC = 时变协变量。

图 2.8　以梅塔和韦斯特(Mehta & West, 2000)建议的时间处理方式建立的包含时变协变量的增长曲线模型

表 2.12　模型 9b:时变协变量

参　　数	估计值	95％置信区间
平均截距 $\hat{\alpha}_1$	40.12	{39.82, 40.43}
平均年级斜率 $\hat{\alpha}_2$	−0.31	{−0.35, −0.27}
平均冲突斜率 $\hat{\alpha}_3$	−0.14	{−0.16, −0.12}
截距方差 $\hat{\psi}_{11}$	4.93	{3.40, 6.72}
年级斜率方差 $\hat{\psi}_{22}$	0.11	{0.08, 0.15}
冲突斜率方差 $\hat{\psi}_{33}$	0.02	{0.02, 0.03}
截距/年级斜率协方差 $\hat{\psi}_{21}$	0.11	{−0.08, 0.29}
截距/冲突斜率协方差 $\hat{\psi}_{31}$	−0.28	{−0.39, −0.19}
年级/冲突斜率协方差 $\hat{\psi}_{32}$	0.00	{−0.01, 0.01}
扰动项方差 $\hat{\theta}_\varepsilon$	3.28	{3.09, 3.48}

来纳入模型。TVC 间的交互(如年级与母亲-子女冲突度之间的交互)可以通过将协变量的斜率负荷乘积作为斜率因子来研究。譬如,在图2.8 中,个体1的交互因子的负载就是0、

20、21、72 和 80。非时变协变量与时变协变量间的跨层交互可以通过纳入 TVC 的斜率因子的预测值来设定。用这种方式设定的模型相当于带有第一层自变量的多层模型。

　　用图 2.8 中的模型拟合亲密度和冲突度数据,进而得到表 2.12 中的结果。因为是以原始数据作为输入数据,并未提供拟合指标(如 RMSEA 和 NNFI)。由于我们是用 Mx 来做这个分析的,所以我们能够提供以似然值为基础的 95％置信区间而不是常用的标准误(Mx 并不提供标准误作为默认的选项,实际上,它警告不要对具有非正态样本分布的参数,如方差,使用标准误)。[20] 所有的参数估计值——除了两个之外——都是统计显著的。

第 14 节 │ 模型 10：多项式增长曲线

　　到此为止，我们用增长曲线模型研究的轨迹都是时间或年龄的简单线性函数，但 LGM 的使用者并不必局限于线性函数。迄今所提出的模型框架可以容纳任何在参数上是线性而在变量上是非线性的轨迹。也就是说，基本的 LGM 模型可以包容任何增长的参数来拟合与转化后的时间测量尺度相关的简单线性加权的轨迹。一个常见的例子是图 2.9 中的二次潜变量增长曲线（MacCallum et al.，1997；Meredith & Tisak 1990；Stoolmiller，1995）。在图 2.9 中，与二次斜率因子相关的负载是与线性斜率因子相关的负载的平方。二次斜率的均值（α_3）表示了轨迹中二次曲线的弯曲程度。

　　我们用图 2.9 中的二次增长曲线来拟合亲密度数据。结果呈现在表 2.13 和图 2.9 中。二次分子的均值并不显著（$\alpha_3 = -0.019$，$p = 0.077$）。卡方差异检验显示，与单纯的线性模型相比，模型拟合度的提高是微不足道的，即 $\Delta\chi^2(1) = 3.12$，$p = 0.078$。如果有理论上的动机，我们可以选择允许二次斜率因子随机变化并与截距和线性斜率因子共变（Willett & Sayer，1994），尽管并不存在一个固定而显著的平均二次项效应。实际上，这样做会使模型拟合度显著改善，但是很可能是因为额外增加的三个自由参数吸收了部分随机的差异,从而过度拟合了数据。

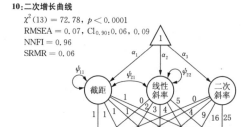

10:二次增长曲线
$\chi^2(13) = 72.78, p < 0.0001$
$RMSEA = 0.07, CI_{0.90}: 0.06, 0.09$
$NNFI = 0.96$
$SRMR = 0.06$

图 2.9　一个包含固定二次斜率因子的潜变量增长曲线模型

表 2.13　模型 10:多项式增长曲线

参　　　数	估计值
平均截距 $\hat{\alpha}_1$	37.94(0.09)
平均线性斜率 $\hat{\alpha}_2$	−0.26(0.06)
平均二次斜率 $\hat{\alpha}_3$	−0.02(0.01)
截距方差 $\hat{\psi}_{11}$	2.98(0.29)
二次斜率方差 $\hat{\psi}_{22}$	0.14(0.02)
截距/线性协方差 $\hat{\psi}_{21}$	0.25(0.06)
扰动项方差 $\hat{\theta}_\varepsilon$	3.70(0.10)

注:括号中的数字是参数估计值的标准误。

我们并不认为在通常的情况下,当一个线性 LGM 不能
充分拟合数据时,二次增长曲线就更有可能实现拟合。我们
奉劝研究者不要使用以二次模型来描述某个特定的研究样
本可能引发的独特性这种研究策略。我们怀疑,在社会科学
中没有几个理论会自然地引发预测一个特定二次趋势的非

线性变化。假定有足够的重复测度使额外的方差与协方差参数可以被识别，那么任意数量的多项增长因子都可以被加入模型中。但是，这些做法必须基于一个适当的理论基础。

另外，我们也可以设定除了多项式曲线之外的函数形式。稍后我们会讨论结构潜变量曲线。这是对传统的增长曲线模型的拓展，它可以容纳更为复杂的、在参数上呈非线性的函数形式，其中增长的参数不再必须是简单的线性加权。例如，在对人口增长建模中常用的指数函数。

第 15 节 ｜ 模型 11：未设定轨迹

到目前为止，在我们所描述的模型中，把结果变量和时间连接起来的函数是完全被定义的。例如，在图 2.3 中，从斜率因子到测量变量的路径在线性回归中被固定为从 0 到 5 的数值，对应于年级对母亲-子女亲密度的线性影响。关于 LGM 的一个创造性的拓展涉及形态因子的建立：变化方面的增长函数的形态（及其因子负载）不是由研究者先验设定的，而是未知的且必须从数据中估计得来的（Meredith & Tisak, 1990）。例如，在模型 4 中，我们可以用形态因子替代线性因子，把这一新因子的第一个和最后一个负载分别限定为 0 和 1[21]，然后以 0 和 1 为基点，估计其他的三个负载（λ_{22}、λ_{32} 和 λ_{42}）。被估计的负载将显示纵向数据的形态。虽然自由负载本身并不成比例，但是大致线性增长会使得负载从 0 到 1 单调递增。还可以将前两个负载限定为 0 和 1，在这种情况下，以发生在第一次和第二次之间的变化作为基准来解释接下来的间隔（Hancock & Lawrence, 2006；Stoel, 2003）。含有形态因子的模型有时候被称作“完全潜模型”（Curran & Hussong, 2002, 2003；McArdle, 1989）、“充分潜模型”（Aber & McArdle, 1991）或者“未指定模型”（T. E. Duncan et al. , 2006；Lawrence & Hancock, 1998；Stoolmiller，1995；J. Wang，2004），因为轨迹没有被先验地设定。这种模型比前面讨论的模型具有更多的探索性意味，因为研究者不是在检验关于特定轨迹的假设。相反，数据被用来理解何种轨迹是适当的。解放某些线性斜率因子的负载来建立一个形态因子，允许通过嵌套模型卡方差检验——本质上是一个偏离线性的检验——对两个嵌套模型进行直接的比较。邓肯等人（T.E. Duncan et al.，1993；T.E. Duncan，Tildesley，Duncan & Hops，1995）以及麦卡尔德和安德森（McArdle & Anderson，1990）提供了有关未设定轨迹模型的较好的例子。

我们把未设定轨迹模型用于拟合母亲-子女亲密度数据，将第一个和第五个负载分别固定为 0 和 5，使之与先前的时间标度一致（见图 2.10）。比较模型 11 与模型 4 的卡方差

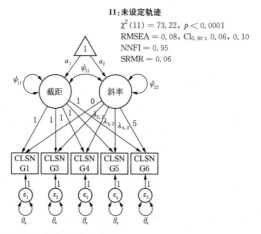

11：未设定轨迹
$\chi^2(11) = 73.22$, $p < 0.0001$
RMSEA $= 0.08$, $CI_{0.90}$: 0.06, 0.10
NNFI $= 0.95$
SRMR $= 0.06$

注：CLSN = 母亲-子女亲密度。

图 2.10 一个表示含有未设定形态因子的潜变量增长曲线的路径图

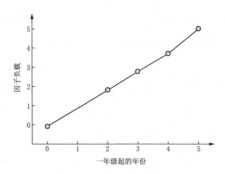

图 2.11 从一年级起的斜率因子负载与年级的折线图

异检验的结果是,它们没有显著的差异,即 $\Delta\chi^2(3) = 2.68$,$p = 0.44$。这表明一个线性的趋势足以对母亲-子女亲密度数据建模,因为斜率负载在没有限定的情况下仍然遵循一个近乎线性的趋势,如图 2.11 所示。

第 16 节 ｜ 总结

在这一章中，我们描述了几个潜变量增长曲线模型。从一个基本的空模型开始，每个模型都被依次运用到同一个数据集来说明模型是如何实践运用的。除了带有随机截距和随机斜率的基本线性 LGM 外，我们展示了模型如何被拓展来处理多群体、纳入解释截距与斜率因子的自变量以及多于一个结果变量或一个年龄队列的增长的情况。我们还展示了如何将 TVC 添加到一个增长曲线模型中以及如何为多项式或未设定的非线性轨迹建模。

我们要强调的是，研究者不需要被强迫来逐个研究这一章所描述的模型。如果理论或以前的研究表明一个随机截距、随机斜率的模型是恰当的，那么就没有必要拟合一个更为简单的模型。同样，如果有理由期待一个第二层自变量能解释个体在一个多项式趋势的二次因子上的差异，那么将模型 6 与模型 10 结合就是理所应当且恰当的，而不是以其中的一个或另一个作为开始。简言之，重要的是我们总要首先依赖于理论。如果理论不够明确，无法建议应该研究的模型，那么本章所展示的探索性策略——从一个空模型出发，逐步包含线性斜率因子，并添加随机效应与自变量——对于帮助研究者理解数据并恰当地对随时间而变化的变量建模是有用的。

第 3 章

模型的特别拓展

讨论至此，我们并没有穷尽潜变量增长模型的所有可能性。随着科学检验的日益复杂，过去检验这些假设的模型也在复杂性和灵活性上有所增加。在本章中，我们会利用最近一些统计理论的发展和软件技术的提高，呈现几种有趣且比较有用的拓展和一些传统增长曲线模型的特殊应用。这些应用包括增长混合模型、分段增长曲线模型、潜变量变化模型、结构潜变量曲线模型、自回归潜轨迹模型和对分类变量变化的建模。

第 1 节 │ 增长混合模型

在前面讨论的大部分模型中,我们假定单个的潜变量轨迹会充分反映总体中的变化模式,同时允许曲线有随机误差。在模型 5 中,我们注意到离散型变量(例如,男性和女性)可以有不同的变化曲线。也就是说,不同的增长曲线能够在几个已知的组群中被同时估计,并且关键参数的估计有无跨组的限制皆可。然而,分类变量并不一定要直接测量,潜在的(不可观测的)类型也有可能产生异质曲线。如果存在一个以上这样的曲线,而仅仅设定一个轨迹,那么就有可能产生显著的偏差,并得出错误地代表所有轨迹类型的轨迹(Sterba,Prinstein & Cox,2007;Von Eye & Bergman,2003)。

如果可以合理地假定异质曲线有潜在的来源,那么研究者就可以应用潜变量增长混合模型(LGMM)。在一个潜变量增长曲线混合模型中,假定总体包含 K 个同质小组的混合,每个小组有它自身的变化轨迹。有两种通用的方法来拟合增长曲线混合模型(B.Muthén,2001;Nagin,1999;Nagin & Tremblay,2001),这两种方法都包括在一个潜在的分类变量上计算的回归潜截距和斜率,并且都允许轨迹的形式在不同类型中不同(例如,轨迹在一个类型里可以是线性变化,在另

一个类型里可以是二次方程变化）。两种方法之间的主要不
同之处在于，米滕（B. Muthén，2001）的方法允许轨迹在同一
个等级内有变化，而纳金（Nagin，1999）的方法要求轨迹在不
同等级之间变化。因此，较之前者，纳金（Nagin，1999）的方
法通常会得出更多的潜在类型存在的结论。

　　LGMM 的一个潜在的缺点是，这一模型可能致使研究
者相信多个同质小组的存在，而实际上仅仅存在一个这样的
小组，只是其数据分布是非正态分布或服从一个非线性的趋
势（Bauer & Curran，2003a）。换句话说，增长混合模型识别
的组也许不代表真正的组，而是一个混合轨迹分布的组成部
分，将这些组成部分放在一起，大致像一个单个的非正态分
布。因为异质次总体的存在是潜在增长混合模型的一个基
本假定，而这个方法不能证明有 K 个类别的存在，就像传统
的潜变量增长曲线模型并未证明仅隐含一个总体曲线一样
（Bauer & Curran，2003a，2003b，2004）。一般来说，有大量
的证据可以证明 LGMM 的很多假定被违反，并产生了不正
确的潜在类型（Bauer，2005，2007）。

　　增长混合模型不太容易被理解和操作。LGMM 经常会
产生错误的结果或者扩大分类，其时间起始值也经常会影响
参数估计。除此之外，模型评估和模型选择也不是很直接。
虽然设定不同分类数目的模型可以用贝叶斯信息准则来比
较，但是这些标准在混合模型中的应用仍然有很多争议。在
各个阶段，都需要作出几个比较主观的判断。再次，混合模
型比起标准的模型常常需要更大的样本量。最后，虽然在潜
变量分析中违反假定条件总是一个潜在的危险，但是潜变量
增长混合模型是最容易受影响的。违反分布假设和错误设

定曲线的形式可能导致把同质总体分成多重类别。即使缺点重重,但这些方法仍然可能实现令人满意的应用。例如,增长混合曲线模型可以检验包含等效原则的发展理论,即不同的起始条件会产生相同的结果,以及多瓣发展理论,即相同的起始条件会产生不同的结果(Cicchetti & Rogosch,1996)。

混合增长曲线模型是一个正在被积极研究的领域,不断有新的研究成果出现。例如,克莱因和米滕(Klein & Muthén,2006)描述了一个混合增长曲线模型的拓展,允许增长的异质性依赖于初始状态和非时变协变量。较之标准的增长曲线模型,这种方法会产生更准确的间隔预测,但是这种方法在大部分软件中还没有实现。

目前,增长混合模型能够通过 MECOSA 中的高斯程序(Arminger,Wittenberg & Schepers,1996)、Mplus(L. K. Muthén & Muthén,1998—2006)、Mx(Meale et al.,2003)以及 SAS PROC TRAG(Jones,Nagin & Roeder,2001)实现。目前,Mplus 是这些软件中最灵活的。有兴趣的研究者可以参考其他著作(如 Bauer,2005,2007;Bauer & Curran,2003a,2003b,2004;T.E.Duncan et al.,2006;Li,Duncan,Duncan & Acock,2001;M.Wang & Bodner,2007)。

第 2 节 | 分阶段增长

假设以前的理论或者研究显示,增长应该是以不同的速
度进行的,但仍然是线性的。例如,相比小学阶段而言,在中
学阶段可能不同(也许是因为不同学校的资金来源不同)。
两个增长阶段可以在单一的增长曲线模型中用分阶段增长
模型(T.E. Duncan et al., 2006;Sayer & Willett, 1998)或者
间断点设计(Hancock & Lawrence, 2006)来建模。通过在
一个模型中纳入两个或者更多的线性斜率因子,可以设定分
阶段增长模型。例如,如果我们连续在七年级至九年级收集
数据,并假设在中学时增长速度会下降,那么负载矩阵 $\mathbf{\Lambda}_y$ 看
上去会像方程 3.1:

$$\mathbf{\Lambda}_y = \begin{bmatrix} 1 & 0 & 0 \\ 1 & 2 & 0 \\ 1 & 3 & 0 \\ 1 & 4 & 0 \\ 1 & 5 & 0 \\ 1 & 5 & 1 \\ 1 & 5 & 2 \\ 1 & 5 & 3 \end{bmatrix} \quad [3.1]$$

在方程 3.1 中,第一列代表截距,第二列代表直到六年级为止的线性增长(第五次测量),第一个线性斜率因子的平均值代表线性增长的速度,这个速度是描述小学增长阶段的。矩阵 $\mathbf{\Lambda}_y$ 的第三列代表中学阶段的线性增长,把小学阶段的最后一年看作第二个阶段的起始点。第二个阶段斜率的平均值看作第二个阶段的增长速度。另外一种设定(但在统计上是相当的)可以用方程 3.2 中的 $\mathbf{\Lambda}_y$ 矩阵(Hancock & Lawrence,2006)。在方程 3.2 中,第一个斜率因子代表从一年级到九年级的线性增长,第二个斜率因子代表任何其他的线性变化,七年级之后的变化可被这一线性斜率捕获。

$$\mathbf{\Lambda}_y = \begin{bmatrix} 1 & 0 & 0 \\ 1 & 2 & 0 \\ 1 & 3 & 0 \\ 1 & 4 & 0 \\ 1 & 5 & 0 \\ 1 & 6 & 1 \\ 1 & 7 & 2 \\ 1 & 8 & 3 \end{bmatrix} \qquad [3.2]$$

最近,一些方法研究的成果展现了一些激动人心的可能性,那就是对发生在离散时段的变化建立模型。科德克和克勒贝(Cudeck & Klebe,2002)展示了长期纵向数据的多阶段建模,每个阶段可以有不同的函数形式(例如,一个下降的斜率会紧跟一个向上的斜率)。从一个阶段到下一个阶段的转折点被叫作“变化点”或者“结”。从理论上来说,在建模时,这些变化点有自身变化的方面——比如通过固定参数,待估参数或者随机系数来设定。例如,科德克和克勒贝对人一生的非语言智力的发展变化建立急速的二次增长,并逐渐变成线性下降。他们将年龄从第一阶段到第二阶段转变的评估作为一个随机系数,以 18.5 为平均数,第二层的方差是 9.25。

$$\boldsymbol{\Lambda}_y = \begin{bmatrix} 1 & 0 & 0 & 0 \\ 1 & 1 & 0 & 0 \\ 1 & 2 & 0 & 0 \\ 0 & 0 & 1 & 0.7 \\ 0 & 0 & 1 & 1.7 \\ 0 & 0 & 1 & 2.7 \end{bmatrix} \qquad [3.3]$$

$$\boldsymbol{\Lambda}_y = \begin{bmatrix} 1 & 0 & 0 & 0 \\ 1 & 1 & 0 & 0 \\ 1 & 2 & 0 & 0 \\ 0 & 0 & 1 & 3 \\ 0 & 0 & 1 & 4 \\ 0 & 0 & 1 & 5 \end{bmatrix} \qquad [3.4]$$

不是任何时候都能够在增长曲线模型框架中设置多阶段模型,但是如何检查模型拟合度、用变化特征作为预测变量、评价潜变量中心多阶段变化都值得进一步探讨。如果已知变化点,那么可以用分割矩阵 $\boldsymbol{\Lambda}_y$ 来检测多阶段模型,每个分区的基础包含曲线轨迹的相应部分。例如,在方程 3.3 中,$\boldsymbol{\Lambda}_y$ 矩阵代表在等距间隔的情况下,在第一阶段有一个截距和线性斜率(均值分别为 α_1 和 α_2),而在第二阶段有一个不同的截距和线性斜率(均值分别为 α_3 和 α_4),两个阶段之间有一个变化点,时间等于 2.3。另外,如果按照方程 3.4 那样

设定 $\mathbf{\Lambda}_y$ 矩阵，一个未知的变化点 ω 也可以被估计，并将它作为模型参数的一个函数。在这个模型中，时间测量尺度从第二列中脱离，但是会在第四列重新进入模型。假定分段 $(\alpha_1 + \alpha_2 time)$ 和 $(\alpha_3 + \alpha_4 time)$ 在时点 $time = \omega$ 时是连续的，那么 y 值所表示的数值在多阶段曲线的两个阶段必须在 ω 时相等。因此其中一个参数（例如，α_3）是多余的，可以通过限制其等于其他参数的函数来取消对其的估计，即设定 $\alpha_3 = \alpha_1 + (\alpha_2 - \alpha_4)\omega$，而将 ω 作为一个参数估计。对于更复杂的多阶段模型和更复杂的多阶段增长函数，相应的数学模型可以被应用到增长模型中。目前没有简单的办法对随机系数变化建模，但是此问题可以在多层模型中解决（Cudeck & Klebe，2002）。

第 3 节 | 多指标潜变量的变化模型

    前面提到的模型都没有充分利用结构方程模型最基础且最有用的特征:对多重测量指标的潜变量之间的关系进行建模的能力。我们尚未讨论过任何可靠性和测量误差的问题,但是实际上在社会科学中,几乎不可能有接近完美的可靠性。通常结构方程模型可以把可测量的方差分为共同方差(一组可测量的变量的共同方差)和特别方差(特定的变量有特定的测量误差和方差可靠性)来为不可靠性建模。在大多数结构方程模型的应用中,Θ_ϵ 对角线的部分代表特别方差,但在潜变量增长模型中,Θ_ϵ 对角线代表测量误差和偏离均值程度的总和。为了把共同方差和特别方差区别开来,重复测量可以用潜变量来代表而多重时点标识变量可以直接引入模型中。这些模型有时候被叫作"曲线因素模型"(S.C. Duncan & Duncan, 1996;McArdle, 1988)、"潜变量纵向曲线模型"(Tisak & Meredith, 1990)或者"二阶潜变量增长曲线"(Hancock, Kuo & Lawrence, 2001;Hancock & Lawrence, 2006;Sayer & Cumsille, 2001)。重复测量的潜变量被称为"一阶因子",而增长因子(如截距和斜率)被称为"二阶因子"。请参看图 3.1 中的一个例子。

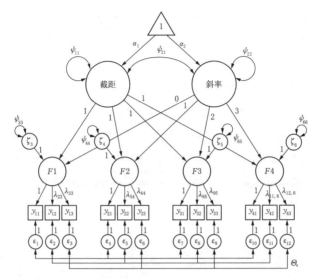

注:模型中还应有从三角常数 1 到不用标刻度指标的测量指标的那些
路径(τ_y 参数),但图中并未展现(Hancock et al.,2001)。由于并不指望在
不同时点测量的指标之间的协方差可以完全用它们对增长因子的共同依赖
来解释,我们允许相似指标的独特因子在各个重复测量之间具有共变性。

**图 3.1 有三个测量指标的潜变量的四个
重复测度的线性变化的二阶增长曲线模型**

当有多指标测量时,用潜变量重复测量模型有几个优
点。第一,二阶潜变量增长曲线模型能够在重复测量中清楚
地辨认测量误差的出现,并利用潜变量建模,调整误差的出
现。第二,二阶增长曲线模型允许区分由于偏离均值而导致
的干扰项差异(临时不稳定性,在图 3.1 中由 ψ_{33} 至 ψ_{66} 反映)
和由测量误差导致的特别差异(不稳定性,在图 3.1 中由 $\mathbf{\Theta}_\varepsilon$
反映)。第三,二阶增长曲线模型可以检测纵向因子的不变
性或者静止性(Sayer & Cumsille,2001;Tisak & Meredith,
1990)。对于关注的潜变量,保证其在整个测量周期中含义

不变是非常重要的（Willett，1989）。要想让这个假设成立，在整个重复测量的过程中，因子结构是不应该变化的（Chan，1989；Meredith & Horn，2001）。也就是说，至少对于相似的项目，因子负载在重复测量上应当是一样的。虽然探究纵向因子不变之类的问题超出了本书的范畴，但无论如何强调这类问题对理解增长随时间变化的重要性都不为过。关于设定二阶增长曲线的更多细节，请参考其他著作（如 Han，1998；Hancock et al.，2001；Sayer & Cumsille，2001）。

第 4 节 | 结构潜变量曲线

早期的多项增长函数具有一个特点,那就是"动态一致性"。大致说来,动态一致性指的是"曲线平均"的特质,它与"平均曲线"有同样的函数形式(Singer & Willett,2003)。这个特征适合线性增长、二次增长模型和任何包含加权并随时间变化的线性变化的增长函数。至于增长参数(如果以传统的多项式形式表达),严格意义上动态一致性的结果应该是增长函数的一阶导数为简单的数字,这些数字能够直接在 Λ_y 矩阵中编码,并在实际的结构方程模型的软件中应用。但如默迪思和蒂萨克(Merdith & Tisak,1990)所建议的,潜变量增长曲线模型的增长函数不一定被限定为多项式曲线。

布朗和迪图瓦(Browne & du Toit,1991)以及布朗(Browne,1993)著作中曾提出并说明了结构潜变量曲线的方法以建构没有动态一致性的非线性增长函数模型。在结构潜变量曲线中,Λ_y 的负载可以与任何假定的增长函数 $f(t,\theta)$(时间 t,增长参数为 θ 的函数)在数值上保持一致,这一函数被称为"目标函数"(Blozis,2004)。函数 $f(t,\theta)$ 被认为是平滑的,并随着 θ 的不同而不同。结构潜变量曲线方法设定的增长模型是拉奥(Rao,1958)的 EFA(exploratory factor analysis)方法所获得的增长函数参数的一种直接的拓展。矩阵 $\boldsymbol{\Lambda}_y$ 的元素不是设定的固定值,它们是被估计的,但要求与基础的曲线函数 $f(t,\theta)$ 保持一致。前面例子中提到的多项式曲线模型是这个更普遍的框架中的特殊例子。

为了更好地理解结构潜变量曲线,对于每一个增长参数,其在矩阵 $\boldsymbol{\Lambda}_y$ 中为多项增长曲线模型设定的负载对应于假定的增长函数的一阶偏导数。例如,在模型 10 中设定的二次增长曲线中,目标函数如方程 3.5 所示:

$$\hat{y}_{it}=\theta_1+\theta_2 t_{it}+\theta_3 t_{it}^2,\ t=\{0,\ 2,\ 3,\ 4,\ 5\} \quad [3.5]$$

对于每一个增长参数,这个函数的一阶导数各自是:

$$\frac{\partial \hat{y}_{it}}{\partial \theta_1}=1 \quad [3.6]$$

$$\frac{\partial \hat{y}_{it}}{\partial \theta_2}=t \quad [3.7]$$

和

$$\frac{\partial \hat{y}_{it}}{\partial \theta_3}=t^2 \quad [3.8]$$

这些是已知量。因此,

$$\boldsymbol{\Lambda}_y = \begin{bmatrix} 1 & 0 & 0 \\ 1 & 2 & 4 \\ 1 & 3 & 9 \\ 1 & 4 & 16 \\ 1 & 5 & 25 \end{bmatrix} \quad [3.9]$$

更复杂的但动态不一致的增长函数(例如,指数增长、Gompertz 函数和 logistic 曲线)可以用类似的方法设定。对于动态不一致的增长函数,增长参数 θ 不能被简化成 t 的简单函数,它可能需要更复杂的 $\boldsymbol{\Lambda}_y$ 设定。例如,对于指数增长模型,如果一个指数变化适于拟合父母与子女关系的变化(事实上并不是,我们只是假定),目标函数将是:

$$\hat{y}_{it} = \theta_1 - (\theta_1 - \theta_2)e^{(1-t_{it})\theta_3}, \quad t = \{1, 3, 4, 5, 6\}$$

[3.10]

对于每一个参数,这个函数的一阶导数各自是:

$$\frac{\partial \hat{y}_{it}}{\partial \theta_1} = 1 - e^{\theta_3(1-t_{it})}$$

[3.11]

$$\frac{\partial \hat{y}_{it}}{\partial \theta_2} = e^{\theta_3(1-t_{it})}$$

[3.12]

和

$$\frac{\partial \hat{y}_{it}}{\partial \theta_3} = (\theta_1 - \theta_2)(t_{it} - 1)e^{\theta_3(1-t_{it})}$$

[3.13]

因此,如果我们让最初的值 $t_{it}=1$,则有:

$$\boldsymbol{\Lambda}_y = \begin{bmatrix} 0 & 1 & 0 \\ 1-e^{-2\theta_3} & e^{-2\theta_3} & 2(\theta_1-\theta_2)e^{-2\theta_3} \\ 1-e^{-3\theta_3} & e^{-3\theta_3} & 3(\theta_1-\theta_2)e^{-3\theta_3} \\ 1-e^{-4\theta_3} & e^{-4\theta_3} & 4(\theta_1-\theta_2)e^{-4\theta_3} \\ 1-e^{-5\theta_3} & e^{-5\theta_3} & 5(\theta_1-\theta_2)e^{-5\theta_3} \end{bmatrix}$$

[3.14]

对于多项式曲线模型,θ_1、θ_2 和 θ_3 是三个基础曲线因子的均值估计。但在指数的结构潜变量曲线中,θ_1 和 θ_2 是估计均值,而 θ_3 是用 LISREL 的附加参数特性来估计的。这类模型的详细讨论在布朗(Browne, 1993)和布洛齐斯(Blozis, 2004)的著作中有所描述。布洛齐斯在其 2006 年的研究中(Blozis, 2006)拓展了这种方法来为多指数测量的潜变量建构非线性模型,并在 2007 年的研究中将该方法延伸至探索多变量非线性变化(Blozis,2007)。我们需要专门的软件(du Toit & Browne,1992)来估计大多数结构潜变量曲线,但是 LISREL 可以通过复杂的等式限定来估计这样的模型。

第 5 节 ｜ 自回归潜变量曲线模型

　　虽然在研究随时间变化而发生的变化时,潜变量增长曲线模型是一个有用且灵活的方法,但是还存在其他以结构方程模型为基础的方法。其中一个方法是格特曼提出的自回归或者马尔科夫单一模型(Guttman,1954),其中每一个重复的测量被看作一个以前的测量和在某一具体时点上的干扰项的函数。与传统的潜变量增长曲线模型不同,这种单一模型不考虑随时间变化的均值结构,但是会用以前时段收集的测量数据来解释方差的变化。柯伦和博伦(Curran & Bollen,2001)以及博伦和柯伦的著作(Bollen & Curran,2004,2006)提出自回归潜变量轨迹模型(ALT),这种模型既包含潜变量增长模型,也包括单一模型。一个自回归潜变量轨迹模型的例子在图 3.2 中有所描述。ALT 模型主要在两个方面不同于标准的潜变量增长曲线模型:第一,在图中所描述的 ALT 模型参数化过程中,没有与第一个重复测量相关联的干扰项;第二,像自回归和单一模型一样,直接路径(图 3.2 中的 ρ 参数)被设定以连接相邻的重复测量。通常情况下,单一模型和 ALT 模型会限定 $\rho_{t,\,t-1}$ 参数相等,虽然这样的限定并不是必需的。ALT 模型和之前提过的一个 TVC 模型有关联(模型 9,见表 2.8),其中在时点 $t-1$ 的结果变量被用

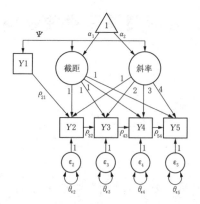

图 3.2　有五个重复测度的自回归潜变量曲线模型

来当作 t 时点的一个自变量。单个变量或多元变量在 ALT 模型中的应用可以在其他著作中找到（参见 Rodebaugh，Carran & Chambless，2002；Hussong，Hicks，Levy & Curran，2001）。一个与之更相关的模型是潜变量差异分数模型（McArdle，2001；McArdle & Hamagami，2001）。

第 6 节 | **分类变量和次序变量模型**

至此,我们所讨论的都是基于重复测量的变量是定距或定比性质的假设。然而,在社会科学中,许多变量常常是定序变量。例如,二分变量或者只有三个或四个选择的 Likert 量表就很难被假定具有定距或定比变量的特征(虽然在有很多选择的时候,它们可能被看作连续的)。当重复测量的变量是定序变量时,这个数据包含的就不是均值或者协方差,而是一个潜在的大型列联表,在此之中,每一个单元格包含的是应答者所对应的一个特别的应答模式。如果这个定序数据能够被认为反映了一个潜在的正态分布变量,一个多阶段的估计过程就可以用来对增长建模(Mehta,Neale & Flay,2004)。这个过程假设在每一次测量时,潜变量分布中观测不到的阈值会决定与应答模式关联的多元概率。在第一阶段,设定一个关联函数来对多元定序应答概率建模并估计每一个个案的似然性。在第二阶段,为不能观测的、假定为正态分布的潜在应答变量建立一个共同的测量尺度。应答的阈值被假定不随时间变化而变化。在第三阶段,一个增长模型被拟合到具有尺度的潜在应答变量上。目前,仅有几个软件能够估计此类模型,如 Mplus 与 Mx。如果有缺失数值,那么 Mx 是唯一的选择。约雷斯科格(Jöreskog,2002)用

LISREL 描述了一个类似的程序,涉及从拟合模型中得到一个多分格协方差矩阵以及从原始的定序数据中估计得到均值。

在方法论文献中,对于分类变量进行潜变量增长曲线建模的应用正受到越来越多的关注。例如,刘和鲍尔斯(Liu & Powers,2007)最近描述了一种在潜变量增长曲线模型框架中对零膨胀计数数据建模的方法。在可预期的将来,会有更多有意思的进展。要了解更多的对二分变量和定序变量建立模型的方法,可参见其他著作(如 Jöreskog,2002;Mehta et al.,2004;B.Muthén & Asparouhov,2002)。

第 7 节 | 在变化中对因果关系建模

　　讨论至此,截距和斜率的(协)方差都是"无结构的",即允许它们自由共变。我们也可以相应地选择估计变化方面的直接影响,也就是说,我们可以对变化建模,把它看作另外一些变化的函数。例如,时间尺度集中在测量的最后一次,如果我们能对"结束点"建模,把它作为变化的函数,那么我们就可以对截距和斜率进行回归。另外,我们也可以在起始点集中,把斜率作为截距的线性函数来建模。当然,我们要特别谨慎,原因应该在逻辑上早于结果,否则用截距对斜率回归就会在原因和结果上不匹配,除非原始时点发生在第一次测量以前。

　　在一些情况下,研究者会将参与者随机地安排到至少两个组中,并对一些他们感兴趣的结果进行多次重复测量,例如干预性研究。米滕和柯伦(Muthén & Curran, 1997)创造性地利用了 SEM 的这个特征对实验效应进行建模。他们建议在两个小组中拟合同样的曲线,限定各组中的线性增长参数相等(见图 3.3)。第二个斜率因子(Tx 斜率)为实验组所特有而被加入模型中。控制组提供了一个基线轨迹,因此实验组的轨迹能够与之比较。任何和第一个斜率相关的、被观测到的额外变化都可以被看成实验的影响。模型的一个重要

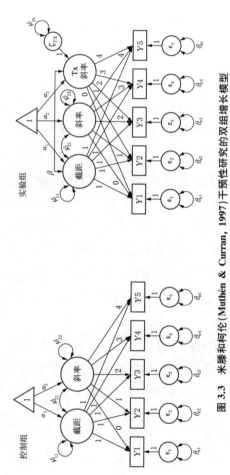

图 3.3　米滕和柯伦(Muthén & Curran, 1997)干预性研究的双组增长模型

的方面是额外的实验斜率因子可以对截距因子（初始状态）进行回归分析，并允许检测截距和实验的交互影响。例如，在干预性研究预防外部行为的时候，如果母亲-子女亲密度的值在起始状态较低，可能会在之后的干预中得到更大的益处。在米滕和柯伦的模型中，截距因子会影响第三个潜变量（干预），而后者又会影响随时间变化的测量变量，但此影响仅仅发生在实验组中。

第 8 节 ｜ 总结

在这一章中,我们描述了几个潜变量增长模型的特别拓展,说明潜变量增长模型作为一个分析工具是具有一般性和普遍性的。

根据研究者的要求,结合这里讨论的模型的特征,用其他方法扩展这些模型也是可能的。例如,将增长混合模型应用到队列序列数据中,并检测 TVC 的影响,或者将 TVC 看成并行过程 ALT 模型外部预测变量也是可行的(Bollen & Curran, 2004;Curran & Willoughby, 2003)。西蒙斯-莫顿、陈、阿布罗姆斯和海尼(Simons-Morton, Chen, Abroms & Haynie, 2004)对三个并行过程(青少年吸烟、朋友吸烟和父母介入)建模,包括非时变的预测变量并设定截距对斜率在过程之内和过程之间的效应。塞耶和威利特(Sayer & Willett, 1998)结合分阶段和并行过程增长模型,对两个组同时进行拟合。麦卡德尔(McArdle, 1989)描述了一个多组并行过程模型。最后,虽然我们没有对以上这些模型进行说明,但是把截距和斜率看成结果变量的预测变量是十分简单的。例如,检验某种技能是否能预测个人在多年后能力的差异这一假设可能是重要的。米滕和柯伦(Muthén & Curran, 1997)描述了一些模型,其中截距和斜率因子被用来预测一个远端结果或者与截距和斜率因子相关的重复测量变量。

　　潜变量增长曲线模型框架允许设置和检验几个不同种类的交互和调解的假设。例如,研究者能够对两个或者多个外生自变量的斜率(Curran et al.,2004;Li Duncan & Acock,2000;Preacheret et al.,2006)在初始状态和决定结果的时段(Muthén & Curran,1997),或者在时段和 TVC 之间(见第 2 章模型 9 的讨论)的交互进行假设检验。通过应用多层结构方程模型,潜变量增长模型也可以被扩展到三层次(或者多层次)的多层数据分析中(Mehta & Neale,2005;B.Muthén,1997)。另一方面,作为潜变量增长模型中的特殊例子,拟合简单的 ANOVA、MANOVA 和单一模型也是可行的(Meredith & Tisak,1990)。

第 **4** 章

潜变量增长模型和多层模型的关系

　　纵向数据建模的潜变量增长曲线模型的一个有效的替代方法是多层模型（MLM；Bryk & Raudenbush，1987，1992；Goldstein，1995；Hox，2002；Kreft & de Leeuw，1998；Raudenbush & Bryk，2002）。多层模型，也叫作"分层线性模型"（HLMs；Bryk & Raudenbush，1992；Raudenbush & Bryk，2002）、"混合模型"、"方差分子模型"或者"随机系数模型"。这一模型的一个重要的能力是在分析嵌套数据时（例如，当学生被嵌套在学校之中时）允许多级方差的区分。对MLM模型的一些介绍可以在霍夫曼（Hofmann，1997）、克雷夫特和德莱乌（Kreft & de Leeuw，1998）以及卢克（Luck，2004）的著作中找到。MLM和LGM分别起源于不同的统计研究和理论，它们各自有专门的术语和研究问题的标准体系。但是，现在越来越明显的是，这两种模型在很多情况下存在很多重复之处。在本章，我们主要讨论它们的重叠部分。

　　在多级嵌套的数据中，最低的一层总是被叫作"第一层"，更高的层有更高的次序。在很多情况下都可以看到嵌套数据，例如，学生（第一层）被嵌套在学校（第二层）之中，工人被嵌套在产业之中，病人被嵌套在治疗小组之中。结果变量通常是在第一层测量的，但是他们的预测变量可以存在于第一层、第二层甚至更高层。一般来说,每个组(第二层的单位)会在解释变量和结果变量上有不同的关系。解释变量在各组中的系统变化通常被用来解释这种组内的不同关系。例如,私立学校的学生可能比公立学校的学生有更好的考试成绩,因此研究者也许想检验不同的干预方式对消除这个组间区别的功效。在这个例子中,MLM 可以被用来研究不同的矫正阅读计划在不同的环境中可能会有的不同影响。

第 1 节 │ MLM 在重复测量数据中的应用

使用多层模型研究组内的嵌套和研究增长曲线之间有一个很简明的概念关联（Diggle，Liang & Zeger，1994；Longford，1993）。在重复测量的设计中，测量的时点（第一层）嵌套在个人之中（第二层），一旦测量时点被作为第一层的测量嵌套第二层之中，多层模型分析对纵向数据的处理就同其他多层模型的应用一样了。

一般来说，研究者通常以估计一个随机效应的方差模型——一个没有解释变量的模型——来决定多层模型是否比传统的最小二乘法更好。这个模型把结果变量的方差分成因时间而产生的差异（个人在不同重复测量时点的差异，即第一层）和不同个人之间的差异（个人之间的差异，即第二层）。如果有一大部分人之间的差异需要被解释，研究通常会逐步把预测变量加到公式中。这种做法允许在第一层变量时间上定义结果变量的变化，并且可以通过加入在个人之间变化的第二层的解释变量来进一步建模。

这些解释变量或有固定系数，或有随机系数。固定系数是在估计上忽略与第二层变化相关的系数。例如，一个研究者想研究随着时间变化，儿童每周零用钱（第二层）对儿童的数学成绩（第一层）的影响，设定零用钱收入作为一个固定系数，将产生一个零用钱对儿童学习成绩的总体平均影响。但是，设定零用钱的斜率系数为随机系数，将会额外地产生一个零用钱对儿童数学成绩影响上的差异的估计，这个估计又可以用别的变量来建模。在 MLM 的几个优点中，随机系数估计的方差可以通过更高层次的解释变量来预测，这是一个很大的优势。一般来说，在 MLM 中，这些解释变量先被作为固定系数包括进去，如果模型的拟合度能被大大提高，就可以使系数随机变化。

使用多层模型检验多重测量数据的一个明显的优势是，假定缺失数据是随机的，那么即使在一些场合下有部分缺失数据的个人，它仍能够使用所有可获得的数据。此外，用 MLM 模型不需要假定每一个研究对象都在统一时点或者年龄上测量，甚至测量的次数也可以是不一样的。鉴于这些优势，如果研究者在多重测量数据研究中想要得到一个可靠的结果，那么 MLM 似乎是一个很好的选择。

第 2 节 ｜ 模型设置

　　一般来说，用来分析线性变化的 MLM 模型的结果变量 y 会作为时间的线性函数[22]：

$$y_{ij} = \underline{\beta}_{0j} + \underline{\beta}_{1j}(time_{ij}) + \varepsilon_{ij} \qquad [4.1]$$

$$\varepsilon_{ij} \sim N\{0, \sigma_\varepsilon^2\} \qquad [4.2]$$

在此，$\underline{\beta}_{0j}$ 是个体 j 的截距，$\underline{\beta}_{1j}$ 是个体 j 的斜率，ε_{ij} 是个体 j 在时点 i 的残余项（服从均值为 0、方差为 σ_ε^2 的正态分布）。截距和斜率一般都被看成随机变量，关于个体之间的方差建模如下：

$$\underline{\beta}_{0j} = \gamma_{00} + u_{0j} \qquad [4.3]$$

$$\underline{\beta}_{1j} = \gamma_{10} + u_{1j} \qquad [4.4]$$

$$\begin{bmatrix} u_{0j} \\ u_{1j} \end{bmatrix} \sim N\left\{ \begin{bmatrix} 0 \\ 0 \end{bmatrix}, \begin{bmatrix} \tau_{00} & \\ \tau_{10} & \tau_{11} \end{bmatrix} \right\} \qquad [4.5]$$

　　在设定这两个参数为随机数据时，截距（$\underline{\beta}_{0j}$）和斜率（$\underline{\beta}_{1j}$）项被设定为一个包含固定效应的函数，即样本中所有人特征的平均效应加上每个人在固定效应基础上的偏离。在方程 4.3 和方程 4.4 中，u 代表这些偏离（u_{0j} 为偏离平均截距的部分，u_{1j} 是偏离平均斜率的部分）。这些偏离项的方差和协方差(τ_{00}、τ_{11} 和 τ_{10}）通常是有理论旨趣的部分，例如，研究者可能想研究那些起初数学能力比较高的儿童的成绩是不是比那些起初比较差的儿童的成绩提高得更快。截距与斜率之间正的协方差显示那些起初成绩好的儿童随着时间的推移，其提高也更快。把方程 4.1、方程 4.3、方程 4.4 结合，会产生一个扩展方程：

$$y_{ij} = \gamma_{00} + \gamma_{10}(time_{ij}) + u_{0j} + u_{1j}(time_{ij}) + \varepsilon_{ij} \quad [4.6]$$

方程 4.6 显示了一个多层的回归方程可表示为固定成分——$\gamma_{00} + \gamma_{10}(time_{ij})$ 和随机成分——$\mu_{0j} + \mu_{1j}(time_{ij})$ 的总和。这个模型估计了两个固定效应（γ_{00} 和 γ_{10}）和四个随机效应——个人在固定的截距和斜率的偏离的方差和协方差（τ_{00}、τ_{11} 和 τ_{10}）以及模型中任何剩下的、不能解释的方差（σ_ε^2）。基于对这些截距和斜率的方差和协方差的估计，研究者可以对研究问题进行合适的推论。

与传统的回归类似，MLM 模型一方面能够分别估计个人层次的影响和同一个人在不同测量上的影响，另一方面，它还能够研究变化之间的关系，因而作用更强大。当将多层模型应用到多元变化中时，或当我们对起始的水平（截距）和变化速度（斜率）间的关系感兴趣时，后一个特点尤其有用。当然，基于这个标准的随机截距、随机系数的模型针对特别例子的许多扩展也是可能的。例如，研究时变变量和非时变变量是可能的，也可以添加和检验一些模型参数的限定，并估计多元模型。

第3节 ┃ 参数估计

ML 和 FIML 估计通常被用来在多层模型中获得参数估计。正如在结构方程模型中一样，ML 估计在多元正态分布的假设前提下会产生一套参数估计，以使可观测到的数据成为最可能的结果。不同的统计软件在获取最大似然估计时会采取不同的方法。例如，MLwiN（Rasbash et al.，1999）用一个广义迭代最小二乘法获取所有参数的最大似然估计值。另外，当最大似然估计被应用到最小二乘化的残差中时，这种方法被称为"有限制的最大似然估计"（REML）。在 MLwiN 中获得 REML 解的算法是有限制的广义迭代最小二乘法。较之 MLwiN，HLM（Bryk，Raudenbush & Congdon，1996）使用将期望值最大化的算法提供一个经验性的贝叶斯估计，当其满足正态分布假定时，它相当于广义最小二乘法的估计。FIML 在似然估计中既包括固定参数，也包括随机参数；而 REML 则是估计模型中消除固定效应后的方差成分（Hox，2000，2002）。霍克斯（Hox）进一步指出，因为这一点，当方差差异检验涉及不限制固定参数的情况时，最大似然估计不应当被用来进行方差差异检验（也可参考 Singer & Willett，2003：90，118）。

第 4 节 ｜ 模型评估

　　同最小二乘回归一样,多层模型的假设通常会通过利用固定统计上或实际中回归系数的显著性来评价,虽然随机系数的方差和协方差经常是我们感兴趣之处。参数显著性的一个非正式检验是将其点估计值除以它的标准误,如果这个比率超过 2.00(在无限大的样本中是 1.96),估计所得参数就可称为“在 0.05 显著水平上与 0 显著不同”。关于多层模型的显著性检验的更详尽的讨论,请参见霍克斯(Hox,1998)的有关论述。

　　多层模型的总体拟合度的信息也是可获得的,它会被作为一个“偏离统计量”报告出来,定义为 $-2\ln L$。在这里,L 是似然函数在收敛处的似然值(Hox,2002;Kreft & de Leeuw,1998;Li,Duncan,Harmer,Acock & Stoolmiller,1998)。偏离统计量并不能为模型总体的拟合度提供一个容易解释的度量,因为这个指标和样本数目的大小密切相关。然而另一方面,在嵌套的模型中,偏离统计量之间的差异服从卡方分布,自由度等于嵌套模型之间参数数量的差异(Goldstein,1995;Hox,2000,2002;Li et al.,1998)。

第 5 节 ｜ MLM 和 LGM 重合的方面

　　MLM 和 LGM 可以用于涉及重复测量数据的很多相同的情况。事实上，两者因为在方程式的层次上具有相似的模型表达，所以在很多情形下会产生同样的结果。因此，认为 MLM 和 LGM 相似也不是什么新的提议。这两种方法重叠的各个方面在各种文献中已经被多次说明了。在两个框架中，相应的重复测量模型可以被设定来获得同样的参数估计（在可容忍的误差内）(Bauer, 2003；Bauer & Curran, 2002；Chou, Bentler & Pentz, 1998；Curran, 2003；Hox, 2000, 2002；Khoo & Muthén, 2000；Li et al., 1998；MacCallum & Kim, 2000；MacCallum et al., 1997；Raudenbush, 2001；Rovine & Molenaar, 2000；Stoel, 2003；Wendorf, 2002；Willett & Sayer, 1994)。例如，在已经描述过的基本的线性增长模型中，多层模型中所有我们感兴趣的六个参数在潜变量增长模型里都可以找到相应的参数。具体说来，平均截距估计在两个模型中分别由 γ_{00} 和 α_1 表示（见表 4.1）。同样，随时间变化而产生的均值变化，即斜率参数，在这两个模型中分别由 γ_{10} 和 α_2 表示。截距和斜率的方差、协方差以及方差的分布也都能在两种方法中得到表达。虽然在结构方程模型和多层模型中的估计方法是不一样的，但它们都会使用所有可以利用的信息产生参数的最大似然估计值（包括它们的标准误）。因此，对于在两种框架中都有相同代表的模型，我们可以合理地期待多层分析中的参数估计值和潜变量增长模型中的参数估计值是一样的。[23]表4.1包含一个实例，用母亲-子女亲密度数据和模型4来说明这一问题。其中多层分析是使用MLwiL1.1完成的，参数估计值和标准误与表2.6所显示的一样。

表4.1 与模型4对应的多层模型的参数估计

多层模型	潜变量增长模型	解 释	估 计
$\hat{\gamma}_{00}$	$\hat{\alpha}_1$	平均截距	38.00(0.08)
$\hat{\gamma}_{10}$	$\hat{\alpha}_2$	平均斜率	−0.36(0.02)
$\hat{\tau}_{00}$	$\hat{\psi}_{11}$	截距方差	2.98(0.29)
$\hat{\tau}_{11}$	$\hat{\psi}_{22}$	斜率方差	0.14(0.02)
$\hat{\tau}_{10}$	$\hat{\psi}_{21}$	截距-斜率协方差	0.25(0.06)
$\hat{\sigma}_\varepsilon^2$	$\hat{\theta}_\varepsilon$	扰动项方差	3.70(0.10)

MLM和LGM的另一个有趣的相似性也值得注意。在MLM的传统中，通常会得到随机系数的经验贝叶斯估计值，即基于每一个第二层单位的模型得到的截距和斜率的估计值，这通常是为了绘图和诊断的目的。这些参数也被称为"后验均值"（因为它们是给定数据的随机系数的后验分布的均值估计）或"收缩估计值"（因为它们会与第二层单位的可靠性成比例地朝着截距和斜率的均值的方向收缩）。在潜变量的传统中，经验贝叶斯估计值相当于因子分数，即潜变量的后验估计值。在LGM中，这些估计值是模型暗含的截距与斜率的值，根据每个个体（或第二层单位）贡献的可靠性加权得到。我们认为，在LGM中计算因子分数是没有实际价

值的,主要是因为它们是有偏估计值,不能准确反映个体的轨迹。而且,巴塞洛缪(Bartholomew, 2007)指出,研究者不可能确定地将因子分数分配给个体,因为对于每个个体,模型都暗含了一个这一分数的分布,而因子分数则表示这些分布的均值。

第 6 节 | MLM 和 LGM 的不同之处

对于这里考虑的纵向数据，LGM 和 MLM 在数学上是等同的。两种方法中一些可以觉察到的差别是由计算它们的统计软件（Raudenbush & Bryk，2002）和历史传统上的差别造成的。虽然每种方法比起另外一种的确都有一些灵活性方面的局限性，但是以前的一些局限性已经随着软件水平的提高而消失。上一节的目的是说明两种模型应用于分析纵向数据时重合的地方，但在有些情况下，一些应用可能在一个框架下可行，在另外一个框架下就不可行。这些方法上不能重叠的部分是由目前一些操作软件的执行局限性所致的。例如，比起 MLM，LGM 的一个显然的优势在于，LGM有能力设定一个测量模型，也就是说，重复测量不需要像在MLM 模型中那样必须避免测量误差。在 LGM 中，每一个重复测量的变量可以被设定成一个有很多指标的潜变量（Curran，2000；Khoo & Muthén，2000）。然而，假定重复测量的潜变量因子结构不随时间变化的模型较之测量模型有更大的统计效力，但从理论上来说，测量模型也能够被纳入MLM 软件包中，如 Mplus 就能够估计多层次结构方程模型（L.K.Muthén & Muthén，1998—2006）。

MLM 模型的第二个局限性是它不能够在设定上让模型

参数去预测别的变量。而 LGM 不仅仅把这些参数变化作为
参数,更可将其作为变量,所以 LGM 没有这些缺陷(Bauer &
Curran,2002;Hox,2000)。目前许多不能够通过 MLM 实
现的复杂的模型却可以在 LGM 模型中轻易实现。一个最近
文献中的例子就是在第 3 章讨论过的、对随时间变化的群体
间差异进行假设检验的应用(Muthén & Curran,1997)。目
前,纯粹的 MLM 还不能估计像米滕和柯伦那样的通过建构
一个潜变量来影响另一个潜变量建构的模型。

　　MLM 模型的第三个局限在于它不具有 LGM 模型能够
估计因子负载的能力,这个能力在未设定轨迹的增长模型
(第 2 章的模型 11)和结构潜变量曲线模型 SLC 中非常有
用。在 MLM 框架中,时间被当作一个数值已知的变量
(MacCallum et al.,1997)。

　　虽然 LGM 模型有一些独特的优点,但这并不意味着
MLM 模型没有它独到的长处。MLM 模型较之 LGM 模型
一个明显的长处是,MLM 模型能够处理两个以上层次的模
型。例如,一个数据包含学生这一层的多重测度,学生又嵌
套在班级之中。这样的模型在 MLM 中十分简单易行,但是
在 LGM 模型中就很难实现(Curran,2003;Muthén &
Muthén,1998—2006)。关于多层结构方程模型的一个较好
的概述,参见霍克斯(Hox,2000)、梅塔和尼尔(Metha &
Neale,2005)的著作。另外,虽然 SLC 模型能够近似地对时
间的复杂的非线性函数建模,但这样的函数在 MLM 模型框
架中不需要近似就可以直接建模。这取决于使用什么样的
软件包。

　　在这节中,我们已经试图列出存在于 MLM 和 LGM 中

有关模型设定的一些差异。如果我们把讨论的内容展开一些，还可以探讨很多别的问题，包括由历史根源导致的差异。例如对于我们已经描述过的模型，一方面存在是否使用相应的拟合模型的统计指标的差异，另一方面，修正模型指标常常在 LGM 与 SEM 中被视为投机（MacCallum, Roznowski & Necowitz, 1992)，而在 MLM 中，解放参数则被认为是可以接受甚至是受到鼓励的。除了注意到在这些不同传统的分支中，历史原因在很大程度上决定了研究者认为什么做法是可以接受的，我们也要注意判断何种模型的优越性在很大程度上依赖于软件发展的分析传统，而不一定是技术上的优越性。

虽然 MLM 和 LGM 模型分别起源于不同的理论与实践传统，但这两种模型对于研究者来说都是有用的工具，它们都能为关于随时间变化的问题提供相似的答案。多亏最近的软件发展和估计技术的进步，以前被认为在一种方法或另一种方法中不可能实现的方面，现在也变为可能。例如，缺失数据估计已经使 LGM 这种方法很接近 MLM 模型的应用。另外，MLM 软件现在有能力对不同的误差项结构建模，这在以前是 LGM 的一个优势。MLM 和 LGM 之间的差异正在迅速缩小，但是，这两种方法现在依然是不同的，研究者需要慎重地考虑使用哪种方法来进行模型检验和发展。随着模型设定框架和软件的发展，预计这两种模型的区别最终将彻底消失。

第 7 节 ｜ 软件

　　目前,大量的统计软件包都可以做 MLM。专用的软件包括 aML、HLM 和 MLwiN。几个一般的统计软件包括 R、SAS、Splus、SPSS、Stata、SYSTAT 和 SEM 程序。EQS、LISREL 和 Mplus 现在也有能力估计多层模型。在这些软件中,R、SAS、Splus 和 Stata 包含能够估计非线性多层模型的程序。对于二分变量和定序变量作为结果变量的模型,则需要 REML 和 FIML 之外的方法(例如,最大边际似然估计、惩罚性准似然估计、经验性贝叶斯估计或者马尔科夫链-蒙特卡罗估计),因此对于这些类型的数据,经常需要特别的软件。aML 可以在网上免费获取,此外它还能够处理几种不标准的数据类型和模型,如包含截断数据和删失数据的回归模型、多层风险模型、定序或者计数数据、曲线模型和很多其他模型。MIX(一个独立的程序集,或者 SPSS 和 SAS 的宏命令)也能够估计很多不同数据类型的多层分析模型。如果研究者想要对定序变量、计数变量或者一般的非线性数据建模,我们建议研究这些 LGM 之外的选择。更多关于多层模型的软件信息可以参考德莱乌和克雷夫特(de Leeuw & Kreft,2001)以及斯耐德斯和博斯克(Snijders & Bosker, 1999)的著作,还有上面提到的统计软件包的使用说明。

第 **5** 章

结　论

在本书中,我们对潜变量增长曲线模型做了一个介绍:用数据说明各种应用,描述几种模型的拓展和更高级的模型在 LGM 框架中的应用。我们说明了如何在简单的线性模型基础上对更高级的模型进行建模、设定和评估,包括用群体作为预测变量、设定相关增长曲线以及包含队列次序设计。我们展示的各种可能的模型表明,这类技术既是灵活的,也是强有力的工具。LGM 作为一个应用统计的领域,在最近的方法理论文献中正引起越来越多的注意,从各个方面完善这个方法的文献也正在迅速累积。这本书为那些正在寻求适应这个领域迅速发展的研究者提供了一个概念、理论和应用上的基础。

LGM 框架的一个最令人注目的特点是它具有把现存的模型用一些新的方法进行扩展的潜力。我们尤其肯定的是,结构潜变量曲线方法在应用实践中有很大的潜力。在实践中应用复杂的曲线模型的唯一障碍是缺乏容易获得和使用的软件,这个问题一定会在将来得以解决。现在,大量的相关领域的研究也在迅速发展,包括交互潜变量的增长曲线模型(Li et al.,2000)、绘图和探索条件增长曲线的简单效应(Curran et al.,2004;Preacher et al.,2006)以及对增长混合模型的进一步发展和完善(Bauer & Curran，2003a，2003b，2004)。除此之外，很多最近的研究也在探究对缺失数据的处理以及对分类数据的研究。在一些其他领域，研究者也有机会对 LGM 进行拓展。例如，虽然 ε 中的干扰项通常被设定成相互独立的，但是这种限制也可以是不必要的(Browne，1993；McArdle，1988)。允许干扰项服从一个一阶的自相关结构是很平常的，通常相邻干扰项的协方差被设置成自由参数(Browne，1993；Meredith & Tisak，1990；Willett & Sayer，1994)。另外，设定一个基于误差协变量的因果结构也是可能的。

虽然我们关注的问题是在频率统计框架中的 LGM 模型，但计算机技术的提高已经使得贝叶斯方法比过去更有用。贝叶斯方法在 LGM 的应用包含对定序变量和二分变量的建模、非线性增长模型的建模、多样本和混合模型建模等，还有对于可忽略的或不可忽略的缺失数据进行拟合、对非正态数据的拟合以及以上这些在标准结构方程模型中往往会引发问题的模型的组合。贝叶斯统计的一个重要标志，即把先验的信息包括在模型中，是可能的。简言之，贝叶斯统计方法在 LGM 中的应用是灵活强大并具有潜力的，但是它往往会要求使用者具备更高的统计知识。关于这一新兴方法的更多信息，有兴趣的读者可以参考其他著作(如 Lee，2007；Scheines, Hoijtink & Boomsma，1999；Zhang, Hamagami, Wang, Nesselroade & Grimm，2007)。

虽然这本书关注的是潜变量增长曲线模型，但是这种模型不是唯一的探索纵向数据的潜变量方法。和 LGM 相关的技术包括探索性纵向因子分析(Tisak & Meredith，1989，1990)和使用纵向结构方程模型探索随时间变化的测量信度、效度与稳定性等(Tisak & Tisak,1996,2000)。自回归模型和自回归交叉滞后模型在很多情况下是对增长曲线模型的可行替代(参见 Bollen & Curran,2004;Curran et al.,1997)。上一章讨论的多层模型在分析纵向数据中也有广泛的应用。

虽然我们试图提供尽可能必要的信息以使读者对于LGM 模型有一个完善的基本了解,但是我们的目标还远未实现。我们的目标是为基本的 LGM 方法提供一个概述,展示它的应用,并描述方法上的一些最新进展。在这些主要的问题之外,一个更广泛的建议是,通过规划明确地包含时间的模型可以获得许多关于数据本质的真知灼见(Collins,2006)。正如安德森(Anderson,1993:929)所说:"一个真正的纵向研究是无可替代的。"LGM 分析代表了这种研究的一个类别,它能够帮助研究者形成假设,探索变化形态和相关的趋势。

我们特意将参考书目列得很长,因为这本书的另一个目的是为有兴趣的研究者提供一个入门参考。关于在这本书中讨论的特定问题的更多信息,我们推荐读者去阅读相关的引用文献。对于 LGM 模型的介绍,请参考其他著作(如 Bryne & Crombie, 2003; Chan, 1998; Curran, 2000;Curran & Hussong, 2003; Hancock & Lawrence, 2006;Willett & Sayer, 1994)。辛格和威利特(Singer & Willett,2003:Chapter 8)对 SEM 和 LGM 提供了很好的介绍。关于SEM 的更复杂和详细的论述,我们强烈推荐博伦(Bollen,1989)的著作;关于 LGM,我们推荐博伦和柯伦(Bollen & Curran, 2006)的著作。

附　录

　　想更多地了解潜变量增长曲线模型的研究者还可以从
网上获得资源,下面我们就简要地列出这些资源。

附录 1 | 绘图和探索潜变量增长曲线模型中的交互项

在普通线性回归中,交互(调节)效应通常是通过描绘交互图来实现。为了便于理解,交互图展现出在调节变量 M 的特定值下 Y 对 X 的回归结果。LCA 框架的一个主要优势在于,表示截距和斜率的因子可以是其他模型中的内生(因)变量,如模型 6 那样。当这些变化可以通过外在变量 M 来预测时,重复测定变量 Y 受到时间的影响就随着 M 而变化,这一点非常类似普通回归中 Y 对 X 的回归受到 M 的影响。反之,我们同样可以说,Y 受到 M 的影响随着时间而变化。这种效应被称为"交叉水平交互作用"。

回归方法中,通常用于描述交互作用的方法(Aiken & West,1991)也可以用于 LGM 框架中(Curran et al.,2004; Preacher et al.,2006)。我们不仅可以画出任意 M 值下,模型中 Y 随着时间变化的平均轨迹,甚至可以描绘出任意情况下 Y 对 M 的回归图。绘制交叉水平交互的工具可以参考 http://www.quantpsy.org,其中还包括指南和完整的实例。

附录 2 | 描绘个体轨迹

LGM 分析中的大部分信息都是总结性的,输出结果通常的形式包括平均趋势、这些均值的变化和某些不符合这些趋势的个案。卡里格、沃思和柯伦(Carrig, Wirth & Curran, 2004)曾用 SAS 中的宏(macro, OLS*traj*)来绘制群体层面和个体层面的轨迹图。OLS*traj* 可以作为起始步骤辅助进一步的 LGM 分析,也可以作为描述数据的方法。除了提供个体轨迹图之外,OLS*traj* 还可以提供估计参数的群体层面的直方图和箱形图,同时可以输出个体参数估计值。OLS*traj* 和其手册可以在 http://www.unc.edu/~curran/olstraj.htm 上得到。

附录 3 | **程序语句**

本书中所有分析的 LISREL、Mplus 和 Mx 语句，都可以在第一作者的网站(http://www.quantpsy.org)上找到。

注释

[1] 网址为 http://www.quantpsy.org/。

[2] 对于熟悉在结构方程模型中 LISREL 框架下模型设定的读者,这里的数学表达式使用的是"全—y"模型,即所有的潜变量都被认为是内生的。

[3] 矢量和矩阵都由黑体字表示。

[4] 重要的是要记住 Θ_ε 中的元素并不表示通常意义上的误差方差。更确切地说,Θ_ε 中的第 t 个方差反映了一个线性模型在多大程度上没能在 t 个时点获得个体的分数。这种变化性大多是误差造成的,但也可能是由于其他变量预测的影响。

[5] 另一方面,斯图尔米勒(Stoolmiller, 1995)建议在多项式中将时间变量对均值对中,以避免由多项式各项的线性依赖而造成的估计问题。

[6] 当"缺失"并不依赖于 x 或其他变量的可观测或不可观测的反应时,缺失数据(对于 x)是完全随机缺失。当"缺失"在控制数据中的其他变量的条件下面并不依赖于 x 的可观测或不可观测的反应时,x 的缺失数据是随机缺失(Allison, 2002)。

[7] 据我们所知,Mplus 是唯一在有数据缺失时仍然计算拟合指数的结构方程模型软件。

[8] 可能是由于增长曲线模型的高度限定性,根据总体拟合标准,它们的拟合常常较差。但是,有时在个体增长曲线模拟得较好的情况下,模型也会拟合较差。科夫曼和米尔萨普(Coffman & Millsap, 2006)建议用个体拟合标准来补充总体拟合指数。

[9] 这一自由度的公式假设样本数据由均值与协方差构成。增长曲线模型几乎总是拟合到均值与协方差。如果没有对均值结构建模,那么自由度为 $[p(p+1)/2] - q^*$。

[10] 我们为了教学的简明易懂而使用完全数据。而且,使用完全数据可以获得完整的结构方程模型拟合指数。http://www.quantpsy.org/提供了接下来使用的分析数据以及计算机语句。

[11] LISREL 可以从科学软件国际的网站上(http://www.ssicentral.com/)获得;Mx 可以从弗吉尼亚联邦大学的网站上(http://www.vcu.edu/mx/)获得;Mplus 可以从米滕夫妇(L.K.Muthén & Muthén)的网站上(http://www.statmodel.com/)获得。

[12] 在整本书中,我们为了教学的简明易懂而把扰动项方差限定为相同。而且,设定母亲-子女亲密度的残差变异性一直随时间保持稳定是合理

的。如果有足够的重复测量来识别这些参数,是不需要这一相同的限定的。实际上,LGM方法的一个强项就是我们可以通过估计不同时点的残差方差来明确地对异方差性或其他各种各样的扰动项协方差结构进行建模(Willett & Sayer, 1994)。但是,在其他条件相同的情况下,我们建议应尽可能地先对同方差性建模以获得最大化的简约性。而且,由于允许残差方差在不同时点不同,有时会掩盖或"吸收"轨迹中的非线性,产生具有欺骗性的好拟合。

[13] 我们的网站(http://www.quantpsy.org/)提供了这一模型以及接下来的大多数模型的程序语句。

[14] 这就是我们前面提到的嵌套模型检验。在这一检验中,两个模型的卡方值的差异本身被当作一个卡方统计值,它的自由度等于两个嵌套模型的自由度的差异。

[15] 需要说明的是,在这一过程中并没有真正估计单独的截距与斜率,相反,这一模型将一个多元正态分布加于潜变量并得出这些分布的均值、方差和协方差的估计值。

[16] 孔径或许可以在某些结构方程模型软件中通过把 ψ_{21} 限定为 0,并把斜率因子限定为它们的原始固定值减去一个孔径参数而作为模型参数的直接估计。

[17] 在这个模型以及后面的模型 9 中,我们会使用 β 参数,它们是第 1 章中没有讨论的完全结构方程模型的路径系数矩阵(**B**)的元素(Bollen, 1989)。

[18] 因为这一相似性,多层模型中的跨层交互可以按照艾肯和韦斯特(Aiken & West, 1991)的指导被分解、检验和绘图。更多的讨论参见 Curran, Bauer & Willoughby, 2004; Preacher, Curran & Bauer, 2006。

[19] 这两种检验队列效应的方法同模型 5 和模型 6 中所讨论的两种检验变化的外生自变量的效应是可直接比拟的。

[20] 以似然值为基础的置信区间是由确定为了使模型拟合度下降某个给定的数量时,一个参数必须取的值来计算的。例如,95%的置信区间是由把参数值一点一点移离最大似然估计值(每一次都重新对模型进行最优化),直到最大似然估计函数增加 3.84 个卡方单位(3.84 是自由度为 1 时卡方的临界值)。由于需要大量的中央处理器密集地重新最优化,这一设定置信区间的方法会非常费时,但是以似然值为基础的置信区间较之标准误有好几个优势,后者以正态分布(对方差参数往往不正确)为前提,需要随重新参数化而变化的 t 检验,并且有时会对边界参数得出荒谬的结果。虽然标准误在报告参数估计值时仍然是必要的,但我们预测因为它们可取的特性,以似然值为基础的置信区间将变得

更受欢迎，特别是随着计算机价格的下降和计算效率的提高。

[21] 为了能识别这一模型，两个负荷必须被限定。任意两个负荷都可以，只要它们被限定为不同的值。

[22] 我们的标记方法与克雷夫特和德莱乌(Kreft & de Leeuw，1998)的相似，用下划线表示随机系数。

[23] 霍克斯(Hox，2000)为这一紧密的相似性提供了一个证明，他发现在数据完全随机缺失或随机缺失的情况下，对于所有的方法，前者的参数估计值更为接近。

参考文献

Aber, M.S. & McArdle, J.J.(1991). "Latent Growth Curve Approaches to Modeling the Development of Competence." In M. Chandler & M. Chapman(eds.), *Criteria for Competence: Controversies in the Conceptualization and Assessment of Children's Abilities*. Hillsdale, NJ: Lawrence Erlbaum.

Aiken, L.S. & West, S.G.(1991). *Multiple Regression: Testing and Interpreting Interactions*. Thousand Oaks, CA: Sage.

Allison, P.D.(1987). "Estimation of Linear Models with Incomplete Data." In C.C. Clogg(ed.), *Sociological Methodology*. San Francisco: Jossey-Bass.

Allison, P.D.(2002). *Missing Data*. Newbury Park, CA: Sage.

Anderson, E.R.(1993). "Analyzing Change in Short-term Longitudinal Research Using Cohort-sequential Designs." *Journal of Consulting and Clinical Psychology 61*:929—940.

Arbuckle, J.L.(1996). "Full Information Estimation in the Presence of Incomplete Data." In G.A. Marcoulides & R.E. Schumacker(eds.), *Advanced Structural Equation Modeling: Issues and Techniques*. Mahwah, NJ: Lawrence Erlbaum.

Arbuckle, J. & Friendly, M.L.(1977). "On Rotating to Smooth Functions." *Psychometrika 42*:127—140.

Arbuckle, J.L. & Wothke, W.(1999). *AMOS 4.0 User's Guide*. Chicago: SPSS, Inc.

Arminger, G., Wittenberg, J. & Schepers, A.(1996). *MECOSA 3 User Guide*. Friedrichsdorf/Ts, Germany: ADDITIVE GmbH.

Baer, J. & Schmitz, M.F.(2000). "Latent Growth Curve Modeling with a Cohort Sequential Design." *Social Work Research 24*:243—247.

Baker, G.A.(1954). "Factor Analysis of Relative Growth." *Growth 18*: 137—143.

Bartholomew, D.J.(2007). "Three Faces of Factor Analysis." In R. Cudeck & R.C. MacCallum(eds.), *Factor Analysis at 100: Historical Developments and Future Directions*. Mahwah, NJ: Lawrence Erlbaum.

Bauer, D.J.(2003). "Estimating Multilevel Linear Models as Structural Equation Models." *Journal of Educational and Behavioral Statistics*

28:135—167.

Bauer, D.J.(2005, October). *Incongruence between the Statistical Theory and Substantive Application of Growth Mixture Models in Psychological Research.* Cattell Award address presented at the annual meeting of the Society of Multivariate Experimental Psychology, Lake Tahoe, CA.

Bauer, D.J.(2007). "Observations on the Use of Growth Mixture Models in Psychological Research." *Multivariate Behavioral Research 42*:757—786.

Bauer, D.J. & Curran, P.J.(2002, June). *Estimating Multilevel Linear Models as Structural Equation Models.* Paper presented at the meeting of the Psychometric Society, Chapel Hill, NC.

Bauer, D.J. & Curran, P.J.(2003a). "Distributional Assumptions of Growth Mixture Models: Implications for Overextraction of Latent Trajectory Classes." *Psychological Methods 8*:338—363.

Bauer, D.J. & Curran, P.J.(2003b). "Over-extracting Latent Trajectory Classes: Much Ado about Nothing? Reply to Rindskopf(2003), Muthén (2003), and Cudeck and Henly(2003)." *Psychological Methods 8*: 384—393.

Bauer, D.J. & Curran, P.J.(2004). "The Integration of Continuous and Discrete Latent Variable Models: Potential Problems and Promising Opportunities." *Psychological Methods 9*:3—29.

Bell, R.Q.(1953). "Convergence: An Accelerated Longitudinal Approach." *Child Development 24*:145—152.

Bell, R.Q.(1954). "An Experimental Test of the Accelerated Longitudinal Approach." *Child Development 25*:281—286.

Bentler, P.M.(1995). *EQS Structural Equations Program Manual.* Encino, CA: Multivariate Software.

Bentler, P.M. & Bonett, D.G.(1980). "Significance Tests and Goodness-of-fit in the Analysis of Covariance Structures." *Psychological Bulletin 88*:588—606.

Biesanz, J.C., Deeb-Sossa, N., Papadakis, A.A., Bollen, K.A. & Curran, P.J.(2004). "The Role of Coding Time in Estimating and Interpreting Growth Curve Models." *Psychological Methods 9*:30—52.

Bijleveld, C.C.J.H. & van der Kamp, L.J.T. (1998). *Longitudinal Data Analysis: Designs, Models, and Methods.* Newbury Park, CA: Sage.

Blackson, T.C., Tarter, R.E., Loeber, R., Ammerman, R.T. & Windle, M.(1996). "The Influence of Paternal Substance Abuse and Difficult

Temperament on Sons' Disengagement from Family and Deviant Peers."
Journal of Youth and Adolescence 25: 389—411.

Blozis, S. A. (2004). "Structured Latent Curve Models for the Study of Change in Multivariate Repeated Measures." *Psychological Methods 9*: 334—353.

Blozis, S. A. (2006). "A Second-order Structured Latent Curve Model for Longitudinal Data." In K. van Montfort, H. Oud & A. Satorra(eds.), *Longitudinal Models in the Behavioral and Related Sciences.* Mahwah, NJ: Lawrence Erlbaum.

Blozis, S. A. (2007). "On Fitting Nonlinear Latent Curve Models to Multiple Variables Measured Longitudinally." *Structural Equation Modeling 14*: 179—201.

Bock, R. D. (1979). "Univariate and Multivariate Analysis of Variance of Time-structured Data." In J. R. Nesselroade & P. B. Baltes(eds.), *Longitudinal Research in the Study of Behavior and Development.* New York: Academic Press.

Bollen, K. A. (1989). *Structural Equations with Latent Variables.* New York: Wiley.

Bollen, K. A. & Curran, P. J. (2004). "Autoregressive Latent Trajectory (ALT) Models: A Synthesis of Two Traditions." *Sociological Methods & Research 32*: 336—383.

Bollen, K. A. & Curran, P. J. (2006). *Latent Curve Models: A Structural Equation Perspective.* Hoboken, NJ: Wiley.

Browne, M. W. (1993). "Structured Latent Curve Models." In C. M. Cuadras & C. R. Rao(eds.), *Multivariate Analysis: Future Directions 2*: 171—197. Amsterdam: Elsevier-North Holland.

Browne, M. W. & Cudeck, R. (1993). "Alternative Ways of Assessing Model Fit." In K. A. Bollen & J. S. Long(eds.), *Testing Structural Equation Models.* Newbury Park, CA: Sage.

Browne, M. W. & du Toit, S. H. C. (1991). "Models for Learning Data." In L. M. Collins & J. L. Horn(eds.), *Best Methods for the Analysis of Change.* Washington, DC: American Psychological Association.

Browne, M. W., MacCallum, R. C., Kim, C., Andersen, B. L. & Glaser, R. (2002). "When Fit Indices and Residuals are Incompatible." *Psychological Methods 7*: 403—421.

Bryk, A. S. & Raudenbush, S. W. (1987). "Application of Hierarchical

Linear Models to Assessing Change." *Psychological Bulletin 101*: 147—158.

Bryk, A.S. & Raudenbush, S.W. (1992). *Hierarchical Linear Models: Applications and Data Analysis Methods*. Newbury Park, CA: Sage.

Bryk, A.S., Raudenbush, S.W. & Congdon, R.T. (1996). *HLM: Hierarchical Linear and Nonlinear Modeling with the HLM/2L and HLM/3L Programs*. Chicago: Scientific Software International.

Buist, K.L., Deković, M., Meeus, W. & van Aken, M.A.G. (2002). "Developmental Patterns in Adolescent Attachment to Mother, Father and Sibling." *Journal of Youth and Adolescence 31*: 167—176.

Byrne, B.M. & Crombie, G. (2003). "Modeling and Testing Change: An Introduction to the Latent Growth Curve Model." *Understanding Statistics 2*: 177—203.

Carrig, M.M., Wirth, R.J. & Curran, P.J. (2004). "A SAS Macro for Estimating and Visualizing Individual Growth Curves." *Structural Equation Modeling 11*: 132—149.

Chan, D. (1998). "The Conceptualization and Analysis of Change over Time: An Integrative Approach Incorporating Longitudinal Mean and Covariance Structures Analysis (LMACS) and Multiple Indicator Latent Growth Modeling (MLGM)." *Organizational Research Methods 1*: 421—483.

Cheong, J., MacKinnon, D.P. & Khoo, S.T. (2003). "Investigation of Mediational Processes Using Parallel Process Latent Growth Curve Modeling." *Structural Equation Modeling 10*: 238—262.

Chou, C.-P., Bentler, P.M. & Pentz, M.A. (1998). "Comparisons of Two Statistical Approaches to Study Growth Curves: The Multilevel Model and the Latent Curve Analysis." *Structural Equation Modeling 5*: 247—266.

Cicchetti, D. & Rogosch, F. (1996). "Equifinality and Multifinality in Developmental Psychopathology." *Development and Psychopathology 8*: 597—600.

Coffman, D.L. & Millsap, R.E. (2006). "Evaluating Latent Growth Curve Models Using Individual Fit Statistics." *Structural Equation Modeling 13*: 1—27.

Collins, L.M. (2006). "Analysis of Longitudinal Data: The Integration of Theoretical Model, Temporal Design, and Statistical Model." *Annual*

Review of Psychology 57:505—528.

Cronbach, L. J. &. Webb, N. (1975). "Between Class and within Class Effects in a Reported Aptitude×Treatment Interaction: A Reanalysis of a Study by G. L. Anderson." *Journal of Educational Psychology 67*: 717—724.

Cudeck, R. &. Klebe, K. J. (2002). "Multiphase Mixed-effects Models for Repeated Measures Data." *Psychological Methods 7*:41—63.

Curran, P.J.(2000). "A Latent Curve Framework for the Study of Developmental Trajectories in Adolescent Substance Use." In J.S. Rose, L.Chassin, C.C.Presson &. S.J. Sherman(eds.), *Multivariate Applications in Substance Use Research*. Mahwah, NJ: Lawrence Erlbaum.

Curran, P. J. (2003). "Have Multilevel Models been Structural Equation Models all along?" *Multivariate Behavioral Research 38*:529—569.

Curran, P.J., Bauer, D. J. &. Willoughby, M. T. (2004). "Testing Main Effects and Interactions in Latent Curve Analysis." *Psychological Methods 9*:220—237.

Curran, P.J. &. Bollen, K.A.(2001). "The Best of both Worlds: Combining Autoregressive and Latent Curve Models." In L. M. Collins &. A. G. Sayer(eds.), *New Methods for the Analysis of Change*. Washington, DC: American Psychological Association.

Curran, P.J., Harford, T.C. &. Muthén, B.O.(1996). "The Relation between Heavy Alcohol Use and Bar Patronage: A Latent Growth Model." *Journal of Studies on Alcohol 57*:410—418.

Curran, P.J. &. Hussong, A.M.(2002). "Structural Equation Modeling of Repeated Measures Data." In D. Moskowitz &. S. Hershberger(eds.), *Modeling Intraindividual Variability with Repeated Measures Data: Methods and Applications*. New York: Lawrence Erlbaum.

Curran, P. J. &. Hussong, A. M. (2003). "The Use of Latent Trajectory Models in Psychopathology Research." *Journal of Abnormal Psychology 112*:526—544.

Curran, P.J., Muthén, B.O. &. Harford, T.C.(1998). "The Influence of Changes in Marital Status on Developmental Trajectories of Alcohol Use in Young Adults." *Journal of Studies on Alcohol 59*:647—658.

Curran, P.J., Stice, E. &. Chassin, L.(1997). "The Relation between Adolescent Alcohol Use and Peer Alcohol Use: A Longitudinal Random Coefficients Model." *Journal of Consulting and Clinical Psychology 65*:

130—140.

Curran, P.J., West, S.G. &. Finch, J.F.(1996). "The Robustness of Test Statistics to Nonnormality and Specification Error in Confirmatory Factor Analysis." *Psychological Methods 1*:16—29.

Curran, P. J. &. Willoughby, M. T. (2003). "Implications of Latent Trajectory Models for the Study of Developmental Psychopathology." *Development and Psychopathology 15*:581—612.

de Leeuw, J. &. Kreft, I.G.G.(2001). "Software for Multilevel Analysis." In A.H. Leyland &. H. Goldstein (eds.), *Multilevelmodeling of Health Statistics*. Chichester, UK: Wiley.

Diggle, P.J., Liang, K.-Y. &. Zeger, S.L.(1994). *Analysis of Longitudinal Data*. Oxford, UK: Clarendon Press.

du Toit, S.H.C. &. Browne, M.W.(1992). AUFIT: Automated Fitting of Non-Standard Models[Computer software].

Duncan, S.C. &. Duncan, T.E.(1994). "Modeling Incomplete Longitudinal Substance Use Data Using Latent Variable Growth Curve Methodology." *Multivariate Behavioral Research 29*:313—338.

Duncan, S.C. &. Duncan, T. E. (1996). "A Multivariate Latent Growth Curve Analysis of Adolescent Substance Use." *Structural Equation Modeling 3*:323—347.

Duncan, S.C., Duncan, T.E. &. Hops, H.(1996). "Analysis of Longitudinal Data within Accelerated Longitudinal Design." *Psychological Methods 1*:236—248.

Duncan, T.E. &. Duncan, S.C.(1995). "Modeling the Processes of Development via Latent Variable Growth Curve Methodology." *Structural Equation Modeling 2*:187—213.

Duncan, T.E., Duncan, S.C. &. Hops, H.(1993). "The Effects of Family Cohesiveness and Peer Encouragement on the Development of Adolescent Alcohol Use: A Cohort-sequential Approach to the Analysis of Longitudinal Data." *Journal of Studies on Alcohol 55*:588—599.

Duncan, T.E., Duncan, S.C. &. Strycker, L.A.(2006). *An Introduction to Latent Variable Growth Curve Modeling: Concepts, Issues, and Applications*(2nd ed.). Mahwah, NJ: Lawrence Erlbaum.

Duncan, T.E., Duncan, S.,C.,Strycker, L.A, Li, F. &. Alpert, A.(1999). *An Introduction Tolatent Variable Growth Curve Modeling: Concepts, Issues, and Applications*. Mahwah, NJ: Lawrence Erlbaum.

Duncan, T.E., Tildesley, E., Duncan, S.C. & Hops, H.(1995). "The Consistency of Family and Peer Influences on the Development of Substance Use in Adolescence." *Addiction 90*：1647—1660.

Enders, C.K.(2001). "A Primer on Maximum Likelihood Algorithms Available for Use with Missing Data." *Structural Equation Modeling 8*：128—141.

Enders, C.K. & Bandalos, D.L.(2001). "The Relative Performance of Full Information Maximum Likelihood Estimation for Missing Data in Structural Equation Models." *Structural Equation Modeling 8*：430—457.

FelTer, E., Hamagami, F. & McArdle, J.J.(2004). "Modeling Latent Growth Curves with Incomplete Data Using Different Types of Structural Equation Modeling and Multilevel Software." *Structural Equation Modeling 11*：452—483.

Flora, D.B. & Chassin, L.(2005). "Changes in Drug Use during Young Adulthood：The Effects of Parent Alcoholism and Transition into Marriage." *Psychology of Addictive Behaviors 19*：352—362.

Freud, A.(1958). "Adolescence." In R.S. Eissler, A. Freud, H. Hartmann & M. Kris(eds.), *The Psychoanalytic Study of the Child* (Vol.13；255—278). New York：International Universities Press.

George, R.(2003). "Growth in Students' Attitudes about the Utility of Science over the Middle and High School Years：Evidence from the Longitudinal Study of American Youth." *Journal of Science Education and Technology 12*：439—448.

Goldstein, H.(1995). *Multilevel Statistical Models* (2nd ed.). New York：Wiley.

Guttman, L.A.(1954). "A New Approach to Factor Analysis：The Radex." In P.E.Lazarsfeld(ed.), *Mathematical Thinking in the Social Sciences*. New York：Columbia University Press.

Hamagami, E.(1997). "A Review of the Mx Computer Program for Structural Equation Modeling." *Structural Equation Modeling 4*：157—175.

Hancock. G.R. & Choi, J.(2006). "A Vernacular for Linear Latent Growth Models." *Structural Equation Modeling 13*：352—377.

Hancock, G.R., Kuo, W.-L. & Lawrence. F.R.(2001). "An Illustration of Second-order Latent Growth Models." *Structural Equation Modeling 8*：470—489.

Hancock, G.R. & Lawrence, E.R.(2006). "Using Latent Growth Models to

Evaluate Longitudinal Change." In G.R.Hancock &. R.O.Mueller(eds.),
Structural Equation Modeling: A Second Course. Greenwich, CT: Information Age.

Hertzog, C., Lindenberger, U., Ghisletta, P. &. von Oertzen, T.(2006). "On the Power of Multivariate Latent Growth Curve Models to Detect Correlated Change." *Psychological Methods* 11:244—252.

Hofmann, D.A.(1997). "An Overview of the Logic and Rationale of Hierarchical Linear Models." *Journal of Management* 23:723—744.

Hox, J.(1998). "Multilevel Modeling: When and Why." In I. Balderjahn, R. Mathar &. M. Schader(eds.). *Classification, Data Analysis, and Data Highways.* Berlin: Springer.

Hox, J.(2000). "Multilevel Analyses of Grouped and Longitudinal Data." In T.D. Little, K.U. Schnabel &. J. Baumert(eds.), *Modeling Longitudinal and Multilevel Data: Practical Issues, Applied Approaches and Specific Examples.* Mahwah, NJ: Lawrence Erlbaum.

Hox, J. (2002). *Multilevel analysis: Techniques and Applications.* Mahwah, NJ: Lawrence Erlbaum.

Hussong, A.M., Hicks, R.E., Levy, S.A. &. Curran, P.J.(2001). "Specifying the Relations between Affect and Heavy Alcohol Use among Young Adults." *Journal of Abnormal Psychology* 110:449—461.

Jones. B.L., Nagin. D.S. &. Roeder, K.(2001). "A SAS Procedure Based on Mixture Models for Estimating Developmental Trajectories." *Sociological Methods &. Research* 29:374—393.

Jöreskog, K.G.(1967). "Some Contributions to Maximum Likelihood Factor Analysis." *Psysmetrika* 32:443—482.

Jöreskog, K.G.(2002). *Structural Equation Modeling with Ordinal Variables Using LlSREL.* Retrieved January 17, 2008, from http://www. ssicentral.com.

Joreskog, K. G. &. Sorbom, D.(1996).*LISREL 8 User'S Reference Guide.* Chicago: Scientific Software International.

Khoo, S.-T. &. Muthén, B.(2000). "Longitudinal Data on Families: Growth Modeling Alternatives." In J.S.Rose, L.Chassin, C.C. Presson &. S.J. Sherman(eds.), *Multivariate Applications in Substance Use Research.* Mahwah, NJ: Lawrence Erlbaum.

Kiecolt-Glaser, J.K., Glaser, R., Cacioppo, J.T., MacCallum, R.C., Snydersmith, M., Kim, C., et al. (1997). "Marital Conflict in Older

Adults: Endocrinological and Immunological Correlates." *Psychosomatic Medicine 59*:350—351.

Klein, A.G. & Muthén, B.O. (2006). "Modeling Beterogeneity of Latent Growth Depending on Initial Status." *Journal of Educational and Behavioral Statistics 31*:357—375.

Kline, R.B. (2004). *Principles and Practice of Structural Equation Modeling* (2nd ed.). New York: Guilford Press.

Kreft, I.G.G. & de Leeuw, J. (1998). *Introducing Multilevel Modeling*. London: Sage.

Lawrence, E.R. & Hancock, G.R. (1998). "Assessing Change over Time Using Latent Growth Modeling." *Measurement and Evaluation in Counseling and Development 30*:211—224.

Lee, S.-Y. (2007). *Structural Equation Modeling: A Bayesian Approach*. Hoboken, NJ: Wiley.

Lei, M. & Lomax, R.G. (2005). "The Effect of Varying Degrees of Nonnormality in Structural Equation Modeling." *Structural Equation Modeling 12*:1—27.

Li, F., Duncan, T.E. & Acock. A. (2000). "Modeling Interaction Effects in Latent Growth Curve Models." *Structural Equation Modeling 7*: 497—533.

Li, F., Duncan, T.E., Duncan, S.C. & Acock, A. (2001). "Latent Growth Modeling of Longitudinal Data: A Finite Growth Mixture Modeling Approach." *Structural Equation Modeling 8*:493—530.

Li, F., Duncan, T.E., Harmer, P., Acock, A. & Stoolmiller, M. (1998). "Analyzing Measurement Models of Latent Variables through Multilevel Confirmatory Factor Analysis and Hierarchical Linear Modeling Approaches." *Structural Equation Modeling 5*:294—306.

Liu, H. & Powers, D.A. (2007). "Growth Curve Models for Zero-inflated Count Data: An Application to Smoking Behavior." *Structural Equation Modeling 14*:247—279.

Longford, N. T. (1993). *Random Coefficient Models*. Oxford, UK: Clarendon Press.

Luke, D.A. (2004). *Multilevel Modeling*. Thousand Oaks, CA: Sage.

MacCallum, R.C., Browne, M. W. & Sugawara, H. M. (1996). "Power Analysis and Determination of Sample Size for Covariance Structure Modeling." *Psychological Methods 1*:130—149.

MacCallum, R.C. &. Kim. C.(2000). "Modeling Multivariate Change." In T. D.Little, K.U.Schnabel &. J.Baumert(eds.), *Modeling Longitudinal and Multilevel Data: Practical Issue, Applied Approaches and Specific Examples*(pp.51—68). Mahwah, NJ: Lawrence Erlbaum.

MacCallum, R.C., Kim, C., Malarkey, W.B. &. Kiecolt-Glaser, J.K. (1997). "Studying Multivariate Change Using Multilevel Models and Latent Curve Models." *Multivariate Behavioral Research 32*:215—253.

MacCallum, R.C., Roznowski, M. &. Necowitz, L.B.(1992). "Model Modification in Covariance Structure Analysis: The Problem of Capitalization on Chance." *Psychological Bulletin 111*:490—504.

Marini, M.M., Olsen, A.R. &. Rubin, D.R(1979). "Maximum Likelihood Estimation in Panel Studies with Missing Data." In K.E.Schuessler (ed.), *Sociological Methodology 1980* (pp.314—357).San Francisco: Jossey-Bass.

Maruyama, G.M. (1997). *Basics of Structural Equation Modeling*. Thousand Oaks, CA: Sage.

McArdle, J.J.(1988). "Dynamic but Structural Equation Modeling of Repeated Measures Data." In R.B.Cattell &. J.Nesselroade(eds.), *Handbook of Multivariate Experimental Psychology*(2nd ed.). New York: Plenum.

McArdle. J.J. (1989). "A Structural Modeling Experiment with Multiple Growth Functions." In R.Kanfer, P.L.Ackerman &. R.Cudeck(eds.), *Abilities, Motivation, and Methodology: The Minneapolis Symposium on Learning and Individual Differences*(pp.71—117). Hillsdale, NJ: Lawrence, Erlbaum.

McArdle, J.J.(2001). "A Latent Difference Score Approach to Longitudinal Dynamic Structural Analyses." In R.Cudeck, S. du Toit &. D.Sörbom (eds.), *Structural Equation Modeling: Present and Future—A Festschrift in Honor of Karl Jöreskog*. Lincolnwood, IL: Scientific Software International.

McArdle, J.J. &. Anderson, E.(1990). "Latent Variable Growth Models for Research on Aging." In J.E.Birren &. K.W. Schaie(eds.), *Handbook of the Psychology of Aging*(3rd ed.). San Diego, CA: Academic Press.

McArdle, J.J. &. Bell, R.Q. (2000). "An Introduction to Latent Growth Models for Developmental Data Analysis." In T.D.Little, K.U.Schnabel &. J. Baumert(eds.), *Modeling Longitudinal and Multilevel Data:*

Practical Issues, Applied Approaches and Specific Examples. Mahwah, NJ: Lawrence Erlbaum.

McArdle, J.J. & Epstein, D.(1987). "Latent Growth Curves within Developmental Structural Equation Models." *Child Development 58*: 110—133.

McArdle, J.J. & Hamagami, F.(1991). "Modeling Incomplete Longitudinal Data Using Latent Growth Structural Equation Models." In L.Collins & J.L.Horn(eds.), *Best Methods for the Analysis of Change*. Washington, DC: American Psychological Association.

McArdle, J.J. & Hamagami, F.(1992). "Modeling Incomplete Longitudinal and Cross-sectional Data Using Latent Growth Structural Models." *Experimental Aging Research 18*:145—166.

McArdle, J.J. & Hamagami, F.(2001). "Latent Difference Score Structural Models for Linear Dynamic Analyses with Incomplete Longitudinal Data." In L.M.Collins & A.G.Sayer(eds.), *New Methods for the Analysis of Change*. Washington, DC: American Psychological Association.

Mehta, P.D. & Neale, M.C.(2005). "People are Variables Too: Multilevel Structural Equation Modeling." *Psychological Methods 10*:259—284.

Mehta, P.D., Neale, M.C. & Flay, B.R. (2004). "Squeezing Interval Change from Ordinal Panel Data: Latent Growth Curves with Ordinal Outcomes." *Psychological Methods 9*:301—333.

Mehta, P.D. & West, S.G.(2000). "Putting the Individual Back into Individual Growth Curves." *Psychological Methods 5*:23—43.

Meredith, W. & Horn, J.(2001). "The Role of Factorial Invariance in Modeling Growth and Change." In L.M.Collins & A.G.Sayer(eds.), *New Methods for the Analysis of Change*. Washington, DC: American Psychological Association.

Meredith, W. & Tisak, J.(1990). "Latent Curve Analysis." *Psychometrika 55*:107—122.

Miller, B.C., Benson, B. & Galbraith, K.A.(2001). "Family Relationship and Adolescent Pregnancy Risk: A Research Synthesis." *Developmental Review 21*:1—38.

Miyazaki, Y. & Raudenbush, S.W.(2000). "Tests for Linkage of Multiple Cohorts in an Accelerated Longitudinal Design." *Psychological Methods 5*:44—63.

Muthén, B.(1993). "Latent Variable Modeling of Growth with Missing Data and Multilevel Data." In C.M.Cuadras & C.R.Rao(eds.), *Multivariate Analysis: Future Directions 2*:199—210. Amsterdam: North Holland.

Muthén, B. (1997). "Latent Variable Modeling of Longitudinal and Multilevel Data." In A. Raftery (ed.), *Sociological Methodology*. Boston: Blackwell.

Muthén, B.(2000). "Methodological Issues in Random Coefficient Growth Modeling Using a Latent Variable Framework: Applications to the Development of Heavy Drinking Ages 18—37." In J.S.Rose, L.Chassin, C.C. Presson & S.J. Sherman(eds.), *Multivariate Applications in Substance Use Research*. Mahwah, NJ: Lawrence Erlbaum.

Muthén, B.(2001). "Latent Variable Mixture Modeling." In G.A. Marcoulides & R.E. Schumacker(eds.), *New Developments and Techniques in Structural Equation Modeling*. Mahwah, NJ: Lawrence Erlbaum.

Muthén, B. & Asparouhov, T.(2002). "Latent Variable Analysis with Categorical Outcomes: Multiple-group and Growth Modeling in Mplus." *Mplus Web Note: No.4.* Retrieved January 17, 2008, from http://www.statmodel.com/download/webnotes/CatMGLong.pdf.

Muthén, B., Kaplan, D. & Hollis, M.(1987). "On Structural Equation Modeling with Data that are not Missing Completely at Random." *Psychometrika 52*:431—462.

Muthén, B.O. & Curran, P.J.(1997). "General Longitudinal Modeling of Individual Differences in Experimental Designs: A Latent Variable Framework for Analysis and Power Estimation." *Psychological Methods 2*:371—402.

Muthén, L.K. & Muthén, B.O.(1998—2006). *Mplus User'S Guide*. Los Angeles: Muthén & Muthén.

Nagin, D.(1999). "Analyzing Developmental Trajectories: A Semi-parametric, Group-based Approach." *Psychological Methods 4*:139—177.

Nagin, D. & Tremblay, R. E. (2001). "Analyzing Developmental Trajectories of Distinct but Related Behaviors: A Group-based Method." *Psychological Methods 6*:18—34.

Neale, M.C.(2000). "Individual Fit, Heterogeneity, and Missing Data in Multi Group Structural Equation Modeling." In T. D. Little, K. U. Schnabel & J. Baumert(eds.), *Modeling Longitudinal and Multilevel Data: Practical Issues, Applied Approaches and Specific Examples*. Mahwah, NJ: Lawrence Erlbaum.

Neale, M.C. , Boker, S.M. , Xie, G. &. Maes, H.H.(2003). *Mx : Statistical Modeling* (6th ed.). Richmond, VA: Department of Psychiatry, Virginia Commonwealth University.

Neale, M.C. &. Miller, M.B.(1997). "The Use of Likelihood-based Confidence Intervals in Genetic Models." *Behavior Genetics 27* :113—120.

Nesselroade, J.R. &. Baltes, P.B.(1979). *Longitudinal Research in the Study of Behavior and Development.* New York: Academic Press.

NICHD Early Child Care Research Network.(2006). Child-care Effect Sizes for the NICHD Study of Early Child Care and Youth Development. *American Psychologist 61* :99—116.

Pianta, R.C.(1993). *The Student-Teacher Relationship Scale.* Charlottesville: University of Virginia Press.

Potthoff, R.F. &.Roy, S.N.(1964). "A Generalized Multivariate Analysis of Variance Model Useful Especially for Growth Curve Problems." *Biometrika 51* :313—326.

Preacher, K.J. , Curran, P.J. &. Bauer, D.J.(2006). "Computational Tools for Probing Interaction Effects in Multiple Linear Regression, Multilevel Modeling, and Latent Curve Analysis." *Journal of Educational and Behavioral Statistics 31* :437—448.

Rao, C.R.(1958). "Some Statistical Models for Comparison of Growth Curves." *Biometrics 14* :1—17.

Rasbash, J. , Browne, W. , Goldstein, H. , Yang, M. , Plewis, I. , Healy, M. , et al.(1999). *A User'S Guide to MLwiN.* London: Multilevel Models Project.

Raudenbush, S.W.(2001). "Toward a Coherent Framework for Comparing Trajectories of Individual Change." In L. M. Collins &. A. G. Sayers (eds.), *New Methods for the Analysis of Change.* Washington, DC: American Psychological Association.

Raudenbush, S. W. , Brennan, R. T. &. Barnett, R. C. (1995). "A Multivariate Hierarchical Model for Studying Psychological Change within Married Couples." *Journal of Family Psychology 9* :161—176.

Raudenbush, S.W. &. Bryk, A.S.(2002). *Hierarchical Linear Models: Applications and Data Analysis Methods*(2nd ed.). Thousand Oaks, CA: Sage.

Raudenbush, S.W. &. Chan, W.(1992). "Growth Curve Analysis in Accelerated Longitudinal Designs." *Journal of Research in Crime and Delin-*

quency 29:387—411.

Raudenbush, S.W. & Chan, W.-S. (1993). "Application of a Hierarchical Linear Model to the Study of Adolescent Deviance in an Overlapping Cohort Design." *Journal of Consulting and Clinical Psychology 61*: 941—951.

Raykov, T. & Marcoulides, G. A. (2000). *A First Course in Structural Equation Modeling*. Hillsdale, NJ: Lawrence Erlbaum.

Rodebaugh, T.L., Curran, P.J. & Chambless, D.L. (2002). "Expectancy of Panic in the Maintenance of Daily Anxiety in Panic Disorder with Agoraphobia: A Longitudinal Test of Competing Models." *Behavior Therapy 33*:315—336.

Rogosa, D.R. & Willett, J.B.(1985). "Understanding Correlates of Change by Modeling Individual Differences in Growth." *Psychometrika 50*: 203—228.

Rovine, M. J. & Molenaar, P. C. M. (2000). "A Structural Modeling Approach to a Multilevel Random Coefficients Model." *Multivariate Behavioral Research 35*:51—88.

Rubin, D. B. (1976). "Inference and Missing Data." *Biometrika 63*: 581—592.

Sayer, A.G. & Cumsille, P.E.(2001). "Second-order Latent Growth Models." In L. M. Collins & A. G. Sayer (eds.), *New Methods for the Analysis of Change*. Washington, DC: American Psychological Association.

Sayer, A.G. & Willett, J.B.(1998). "A Cross-domain Model for Growth in Adolescent Expectancies." *Multivariate Behavioral Research 33*: 509—543.

Schaie, K. W. (1965). "A General Model for the Study of Developmental Problems." *Psychological Bulletin 64*:92—107.

Schaie, K.W.(1986). "Beyond Calendar Definitions of Age, Time, and Cohort: The General Developmental Model Revisited." *Developmental Review 6*:252—277.

Scheines, R., Hoijtink, H. & Boomsma, A.(1999). "Bayesian Estimation and Testing of Structural Equation Models." *Psychometrika 64*:37—52.

Simons-Morton, B.G., Chen, R., Abroms, R. & Haynie, D. L. (2004). "Latent Growth Curve Analyses of Peer and Parent Influences on Smoking Stage Progression among Early Adolescents." *Health Psychology*

23:612—621.

Singer, J.D. &. Willett, J.B.(2003). *Applied Longitudinal Data Analysis*: *Modeling Change and Event Occurrence*. New York: Oxford University Press.

Smetana, J.G.(1988). "Concepts of Self and Social Convention: Adolescents' and Parents' Reasoning about Hypothetical and Actual Family Conflicts." In M.R.Gunnar &. W.A.Collins(eds.), *The Minnesota Symposia on Child Psychology*: *Vol. 21. Development during the Transition to Adolescence*. Hillsdale, NJ: Lawrence Erlbaum.

Snijders, T. &. Bosker, R.(1999). *Multilevel Analysis*: *An Introduction to Basic and Advanced Multilevel Modeling*. London: Sage.

Stack, S. &. Eshleman, J.R.(1998). "Marital Status and Happiness: A 17-nation Study." *Journal of Marriage and the Family 60*:527—536.

Steiger, J.H. &. Lind, J.M.(1980, June). *Statistically Based Tests for the Number of Common Factors*. Paper presented at the annual meeting of the Psychometric Society, Iowa City, IA.

Steinberg, L.(1989). "Pubertal Maturation and Parent-adolescent Distance: An Evolutionary Perspective." In G. Adams, R. Montemayor &. T. Gullotta (eds.), *Biology of Adolescent Behaviorand Development*. Newbury Park, CA: Sage.

Sterba, S., Prinstein, M.J. &. Cox, M.J.(2007). "Trajectories of Internalizing Problems across Childhood: Heterogeneity, External Validity, and Gender Differences." *Development and Psychopathology 19*:345—366.

Stoel, R.D.(2003). *Issues in Growth Curve Modeling*. Unpublished doctoral dissertation, University of Amsterdam, The Netherlands.

Stoel, R.D. &. van den Wittenboer, G.(2003). "Time Dependence of Growth Parameters in Latent Growth Curve Models with Time Invariant Covariates." *Methods of Psychological Research Online 8*:21—41.

Stoel, R.D., van den Wittenboer, G. &. Hox, J.(2004). "Including Time-invariant Covariates in the Latent Growth Curve Model." *Structural Equation Modeling 11*:155—167.

Stoolmiller, M.(1995). "Using Latent Growth Curve Models to Study Developmental Processes." In J. M. Gottman (ed.), *The Analysis of Change*. Mahwah, NJ: Lawrence Erlbaum.

Tisak, J. &. Meredith, W. (1989). "Exploratory Longitudinal Factor Analysis in Multiple Populations." *Psychometrika 54*:261—281.

Tisak, J. &. Meredith, W.(1990). "Descriptive and Associative Developmental Models." In A. von Eye(ed.), *Statistical Methods in Longitudinal Research*(Vol.2, 387—406). Boston: Academic Press.

Tisak, J. &. Tisak, M. S.(1996). "Longitudinal Models of Reliability and Validity: A Latent Curve Approach." *Applied Psychological Measurement 20*:275—288.

Tisak, J. &. Tisak, M.S.(2000). "Permanency and Ephemerality of Psychological Measures with Application to Organizational Commitment." *Psychological Methods 5*:175—198.

Tonry, M., Ohlin, L.E. &. Farrington, D.P.(1991). *Human Development and Criminal Behavior: New Ways of Advancing Knowledge.* New York: Springer-Verlag.

Tucker, L.R.(1958). "Determination of Parameters of a Functional Relation by Factor Analysis." *Psychometrika 23*:19—23.

Tucker, L.R.(1966). "Learning Theory and Multivariate Experiment: Illustration by Determination of Parameters of Generalized Learning Curves." In R.B. Cattell(ed.), *Handbook of Multivariate Experimental Psychology.* Chicago: Rand McNally.

Tucker, L.R. &. Lewis, C.(1973). "A Reliability Coefficient for Maximum Likelihood Factor Analysis." *Psychometrika 38*:1—10.

VanLaningham, J., Johnson, D.R. &. Amato, P.(2001). "Marital Happiness, Marital Duration, and the U-shaped Curve: Evidence from a Five-wave Panel Study." *Social Forces 78*:1313—1341.

von Eye, A. &. Bergman, L. R. (2003). "Research Strategies in Developmental Psychopathology: Dimensional Identity and the Person-oriented Approach." *Development and Psychopathology 15*:553—580.

Wang, J.(2004). "Significance Testing for Outcome Changes via Latent Growth Model." *Structural Equation Modeling 11*:375—400.

Wang, M. &. Bodner, T.E.(2007). "Growth Mixture Modeling: Identifying and Predicting Unobserved Subpopulations with Longitudinal Data." *Organizational Research Methods 10*:635—656.

Wendorf, C.A.(2002). "Comparisons of Structural Equation Modeling and Hierarchical Linear Modeling Approaches to Couples' Data." *Structural Equation Modeling 9*:126—140.

Widaman, K.F. &. Thompson, J.S.(2003). "On Specifying the Null Model for Incremental Fit Indices in Structural Equation Modeling." *Psycho-*

logical Methods 8 :16—37.

Willett, J. B. (1989). "Questions and Answers in the Measurement of Change." In E. Z. Rothkopf (ed.), *Review of Research in Education* (Vol.15). Washington, DC: American Education Research Association.

Willett, J.B. & Sayer, A.G.(1994). "Using Covariance Structure Analysis to Detect Correlates and Predictors of Individual Change over Time." *Psychological Bulletin 116* :363—381.

Willett, J.B. & Sayer, A.G.(1995). "Cross-domain Analyses of Change over Time: Combining Growth Modeling and Covariance Structure Analysis." In G. A. Marcoulides & R. E. Schumacker (eds.), *Advanced Structural Equation Modeling: Issues and Techniques*. Mahwah, NJ: Lawrence Erlbaum.

Willett, J. B., Singer, J. D. & Martin, N. C. (1998). "The Design and Analysis of Longitudinal Studies of Development and Psychopathology in Context: Statistical Models and Methodological Recommendations." *Development and Psychopathology 10* :395—426.

Wills, T.A., Cleary, S.D., Filer, M., Shinar, O., Mariani, J. & Spera, K. (2001). "Temperament Related to Early-onset Substance use: Test of a Developmental Model." *Prevention Science 2* :145—163.

Wothke, W.(2000). "Longitudinal and Multigroup Modeling with Missing Data." In T.D. Little, K. U. Schnabel & J. Baumert(eds.), *Modeling Longitudinal and Multilevel Data: Practical Issues, Applied Approaches and Specific Examples*. Mahwah, NJ: Lawrence Erlbaum.

Zhang, Z., Hamagami, F., Wang, L., Nesselroade, J.R. & Grimm, K.J. (2007). "Bayesian Analysis of Longitudinal Data Using Growth Curve Models." *International Journal of Behavioral Development 31* : 374—383.

译名对照表

aperture	孔径
asynchronous measurement	异步测量
autoregressive latent trajectory models	自回归潜轨迹模型
autoregressive strategies	自回归策略
average of the curves	曲线平均
basis curves	基础曲线
censored data	删失数据
chronometric	计时测量
confirmatory factor analysis(CFA)	单因素验证性因子分析
cross-level interaction	交叉水平交互作用
curver of the averages	平均曲线
definition variables	定义变量
distal outcome	远端结果
disturbance	扰动
dynamic consistency	动态一致性
equifinnality.	等效原则
error bars	误差条
expectation maximization	期望值最大化
factor loading	因子负载
factor scores	因子分数
full information maximum likelihood(FIML)	完全信息最大似然
growth mixture models	增长混合模型
indicator variables	可测量的指标变量
individual data vectors	个体数据矢量
internally consistent	内部一致的
intraclass correlation	组内相关系数
latent growth model(LGM)	潜变量增长曲线模型
latent growth mixture model(LGMM)	潜变量增长混合模型
mediation model	调解模型
missing at random(MAR)	随机缺失
missing completely at random(MCAR)	完全随机缺失

modeling change in categorical outcomes	对分类变量变化的建模
modeling change in latent variables	潜变量变化模型
moderation	调节效果
multifinality	多瓣
multiple-groups analysis	多群体分析
nonnormed fit index(NNFI)	非基准拟合指数
penalized quasi likelihood	惩罚性准似然估计
piecewise growth curve models	分段增长曲线模型
polychoric covariance matrix	多分格协方差矩阵
regression weight	回归权数
root means square error of approximation	近似误差均方根法
shape factors	形态因子
standardized root mean square residual (SRMR)	标准化残差均方根
structural equation model(SEM)	结构方程模型
structured latent curve models	结构潜变量曲线模型
threat of contamination	污染威胁
time-invariant covariates	非时变协变量
time-varying covariates(TVC)	时变协变量
truncated data	截断数据

图书在版编目(CIP)数据

潜变量增长曲线模型 /（美）克里斯托弗·普里彻等著；姜念涛译. -- 上海 ：格致出版社 ：上海人民出版社，2024. --（格致方法）. -- ISBN 978-7-5432-3623-3

Ⅰ. C815

中国国家版本馆 CIP 数据核字第 202467UM17 号

责任编辑　　刘　茹

格致方法·定量研究系列

潜变量增长曲线模型

[美]　克里斯托弗·普里彻　　阿斯荣·威克曼　　著
　　　罗伯特·麦卡勒姆　　南希·布里格斯

　　　　　　　　　　　　　　姜念涛　译

出　　版　格致出版社
　　　　　上海人民出版社
　　　　　（201101　上海市闵行区号景路 159 弄 C 座）
发　　行　上海人民出版社发行中心
印　　刷　浙江临安曙光印务有限公司
开　　本　920×1168　1/32
印　　张　5.5
字　　数　109,000
版　　次　2024 年 11 月第 1 版
印　　次　2024 年 11 月第 1 次印刷
ISBN 978 - 7 - 5432 - 3623 - 3/C・325
定　　价　48.00 元

格致方法·定量研究系列